PIECES ET MEMOIRE TOUCHANT L'ABBAYE DE JOUARRE.

Pour Messire JACQUES BENIGNE BOSSUET
Evesque de Meaux.

Contre Reverende Dame HENRIETTE DE LORRAINE
Abbesse de Joüarre.

A PARIS,
Chez la Veuve de SEBASTIEN MABRE-CRAMOISY
Imprimeur du Roy, ruë Saint Jacques, aux Cicognes.

M. DC. XC.

PIECES
CONCERNANT L'ETAT DE L'ABBAYE DE JOUARRE. POUR MESSIRE JACQUES BENIGNE BOSSUET EVESQUE DE MEAUX. CONTRE Reverende Dame HENRIETTE DE LORRAINE Abbesse de Joûarre.

FONDATION DU MONASTERE DE JOUARRE.

PREMIE'RE PIECE.

SAINTE Theodechilde a esté la premiere Abbesse de Joûarre. Il n'y a nulle mention de privilege dans sa Vie imprimée par les PP. Benedictins. Il est encore parlé de cette fondation dans les Pieces suivantes. *Act. Ord. S. Bened. auct. D. Joh. Mabillon. sac. 2. p. 486.*

SECONDE PIECE DE L'AN DC. L.

tirée de la Vie de Saint Agile Abbé de Rebais.

HOrum fratrum major natu Ado nomine, semet cum propriis voluptatibus ac copiis abdicavit, verum etiam in proprio solo intra Jorani saltus arva, ope fratris venerabilis videlicet Audoeni, super amnem Maternam monasterium ædificavit, cui Jotrum nomen imposuit, atque ex re- *Ibid. p. 321.*

bus propriis fæcundissime ditavit: in quo etiam monastice, secundum B. Columbani instituta, unà cum caterva præclaræ religionis, superno regi Christo militavit.

TROISIE'ME PIECE DU MESME TEMPS,

tirée de la vie de Saint Faron Evesque de Meaux, écrite sous le regne de Charles le Chauve par Hildegar aussi Evesque de Meaux.

Ibid. pag. 612. QUorum major natu Ado nomine semet cum suis voluptatibus abdicavit, postque intra Jotri saltum monasterium ex Beati regulâ Columbani construxit.

REMARQUES SUR LA FONDATION.

IL est constant que c'est-là tout ce qu'on a de la fondation de Joüarre. Il n'y paroist aucun Privilege; & loin que cette fondation ait esté Royale dans son origine, on voit qu'Ado un particulier, a fondé ce Monastere dans ses terres, & l'a doté de ses propres biens: *in proprio solo, atque ex rebus propriis.*

Quand cette fondation seroit Royale, elle ne le seroit pas à plus juste titre que celle des Monasteres de Sainte Croix de Poitiers & de Chelles, où deux grandes Reines Sainte Radegonde & Sainte Bathilde ont pris l'habit de Religieuses, aprés les avoir fondez avec une magnificence Royale: & néanmoins ces deux Abbayes sont soumises à l'Ordinaire dés leur origine. Celle de Joüarre ne doit pas se croire plus privilegiée que ces deux-là; ni que Saint Faron luy ait accordé plus de privilege qu'au Monastere de sa sœur Sainte Fare, à qui il est bien constant qu'il n'en a jamais donné aucun, & qui en effet est toûjours demeuré soumis, & l'est encore.

Quant aux privileges du Saint Siege; outre qu'il n'en est fait aucune mention, comme on a veû, dans l'histoire de cette fondation, on sçait d'ailleurs que les Papes n'en accordoient alors qu'à regret, mesme aux Monasteres d'hommes: & on ne croit pas qu'on en trouve aucun éxemple pour les Monasteres de filles. Ainsi, il est déja tres-constant que le Monastere de Joüarre est soumis dans son origine, comme il le devoit estre naturellement, suivant les regles de l'Eglise, & la pratique ordinaire de ces temps.

LA DEPENDANCE DU MONASTERE DE JOUARRE

Sous Honoré II. qui siegeoit depuis l'an 1125. jusqu'à 1129.

QUATRIE'ME PIECE,

tirée du Cartulaire de Meaux, d'où elle a esté compulsée, Parties présentes: & imprimée dans le Recueil des Epistres d'Innocent III. de M. Baluze, l'an 1682. T. II. p. 296.

Epistola Honorii II. de subjectione Monasteriorum Resbacensis & Jotrensis.

HOnorius Episcopus servus servorum Dei venerabili fratri Burcardo Meldensi Episcopo [a], ejusque successoribus canonice promovendis in perpetuum. In eminenti Apostolicæ Sedis specula disponente Domino constituti, ex injuncto nobis officio fratres nostros Episcopos debemus diligere; & Ecclesiis sibi à Deo commissis suam debemus [b] justitiam conservare. Proinde, carissime in Christo frater Burcarde Episcope Meldensis Ecclesiæ, cujus à Deo tibi cura commissa est, salubriter nostra sollicitudine providentes statuimus, ut omnes tam clerici quam laici in villa Resbacensi & Jotrensi commorantes, Meldensi Ecclesiæ jure parochiali subjaceant, & ea quæ de eis ad jus parochiale pertinent, tibi tuisque successoribus libera & illibata serventur. Decernimus etiam ut Abbas Resbacensis, & Jotrensis Abbatissa canonicam tibi tuisque successoribus obedientiam persolvant. Benedictio quoque eorum, sicut per tuos antecessores hactenus celebrata constiterit, sic per te, tuosque successores deinceps exhibeatur. Promotiones etiam Monachorum ad Ecclesiasticos ordines per Meldensem administrentur Episcopum, si videlicet gra-

[a] *Ce n'estoit donc pas un privilege pour la personne: mais un droit du siége.*
[b] *C'est donc justice & droit, & non privilege.*

ctis eas sine pravitate voluerit exhibere, & gratiam Apostolicæ Sedis habuerit. Si quis autem, quod absit, huic nostro decreto sciens contraire tentaverit, honoris & officii sui periculum patiatur, nisi præsumptionem suam digna satisfactione correxerit. Datum Laterani. XVII. Kal. Maii.

Ces mots, *jure parochiali*, & *canonicam obedientiam*, emportent la pleine soumission; & il est constant par cette piece, que les Monasteres de Joüarre & de Rebais avec leurs Paroisses, estoient dans une dépendance absoluë.

Sous Innocent II. qui siegeoit en 1130. jusqu'à 1143.

CINQUIÉME PIECE,

imprimée par M. Petit, T. II. p. 673. du Pénitentiel de Theodore de Cantorberi. On s'en est servi pour favoriser l'exemption de Joüarre: mais elle prouve le contraire.

Ex compositione ab Hugone Antissiodorensi Episcopo & Gaufrido Cathalaunensi factâ, ex præcepto Innocentii II. inter Ecclesiam Meldensem & Farense Monasterium.

Ex Cartulario Farensis Monasterii.

DEliberavimus quod sacerdos Farensis Monasterii populum recturus de manu Meldensis Episcopi curam totius parochiæ tam clericorum quam laicorum suscipiet, chrisma quoque & aquam reconciliationis ecclesiarum, si violatæ fuerint, ab Ecclesia Meldensi requiret. Sane sacerdos ille, si quâ culpâ [a] fuerit notatus, primâ vice mandabit Episcopus Abbatissæ ut consilio clericorum suorum corrigat eum: si autem postea crebuerit eadem infamia atque succreverit, tunc Episcopus per Abbatissam statuet diem, quo veniens Episcopus in Capitulum sanctæ Faræ, per se sacerdotem illum judicabit, & si ei visum fuerit, deponet. Porro si culpa sacerdotis per pœnitentiam & per pecuniam debeat puniri, Episcopus imponet sacerdoti pœnitentiam, sed Farensis Ecclesia retinebit pecuniam. Sic de omnibus

[a] *Cét endroit fait voir quelle sorte de jurisdiction pouvoient avoir les Abbesses sur les Ecclesiastiques: elle n'estoit qu'œconomique, temporelle, & en choses légeres, mais c'est sur ce fondement que quelques-unes ont tasché de l'étendre.*

parochianis statutum est, ut si quælibet eorum culpa mulctatur per pecuniam, semper Ecclesia Farensis habebit eam; sed parochianos suos ducet sacerdos ad Episcopum propter suorum criminum pœnitentiam. Tandem si sacerdos ille venerit ad Synodum Meldensem, an non venerit, statuere supersedimus, quoniam audivimus sacerdotes Jotrensem & Resbacensem qui [a] similiter curam de manu Episcopi suscipiunt, nunquam sedisse nec etiam ad synodum venisse, & hoc Ecclesias illas ex antiquissimâ consuetudine tenuisse, &c.

[a] *Cét endroit est remarquable, parce qu'il fait voir que le Curé de Jouarre prenoit de l'Evesque de Meaux* curam animarum, *aussi-bien que celuy de Faremonstier, qui est constamment pleinement soumis, comme tous les autres Curez; & on verra que ce droit n'a point esté osté à l'Evesque, mesme par la Sentence arbitrale.*

Sous Alexandre III. qui siegeoit depuis 1160. jusqu'à 1181.

SIXIE'ME PIECE DE L'AN M. C. LXIII.

tirée du Cartulaire de Meaux, compulsée, & imprimée par M. Baluze, T. II. des Epistres d'Innocent III. pag. 296.

Epistola Alexandri III. qua confirmat superiores Honorii II. literas.

ALexander Episcopus servus servorum Dei venerabili fratri Stephano Meldensi Episcopo, ejusque successoribus canonice substituendis in perpetuum. In eminenti Apostolicæ Sedis specula, &c. *ut in illa Honorii, usque:* Proinde, carissime in Christo frater Stephane, Meldensi Ecclesiæ, cujus à Deo tibi cura commissa est, salubriter providentes, ad exemplar sanctæ recordationis patris & prædecessoris nostri Honorii Papæ statuimus, ut omnes tam clerici quam laici in villa Resbacensi & Jotrensi commanentes, Meldensi Ecclesiæ jure parochiali subjaceant, &c. *ut in illa Honorii, usque:* Si quis autem contra hanc nostræ constitutionis paginam venire præsumserit, secundò tertióve commonitus, nisi temeritatem suam congrua satisfactione correxerit, potestatis honorisque sui dignitate careat, & à sacratissimo corpore ac sanguine Dei ac Domini nostri

Jesu Christi alienus fiat, atque in extremo examine districtæ ultioni subjaceat. Conservantibus autem hæc sit pax Domini nostri Jesu Christi; quatinus & hic fructum bonæ actionis percipiant, & apud supremum judicem gaudia æternæ pacis inveniant. Amen. Data Turonis anno MCLXIII.

Cette constitution d'Alexandre III. est la repetition & confirmation de celle d'Honoré II. & on y peut faire les mesmes remarques.

Les Evesques obtenoient alors de semblables concessions des Papes, parce que les Monasteres commençoient à estre inquiets, & à se vouloir rendre indépendans, comme il est constant par l'Histoire.

Sous Luce III. qui tint le Siege depuis 1181. jusqu'à 1186.

SEPTIE'ME PIECE DE L'AN M. C. LXXXIII.

tirée du Cartulaire de Meaux, compulsée, & imprimée, T. II. du Penitentiel de Theodore, p. 715.

Epistola Willelmi Remorum Archiepiscopi, de honore & reverentia, & de omni jure quod Eustathia Abbatissa Ecclesia Jotrensis promisit semper se exhibituram Episcopo Meldensi.

VVillelmus Dei gratia Remorum Archiepiscopus sanctæ Romanæ Ecclesiæ titulo sanctæ Sabinæ Cardinalis, Apostolicæ sedis Legatus, Universis fidelibus tam futuris quam præsentibus, ad quos literæ istæ pervenerint, in Domino salutem. Noverit universitas vestra, quod cùm inter venerabilem fratrem nostrum Simonem Meldensem Episcopum, & Ecclesiam Jotrensem super benedictione Abbatissæ, & aliis consuetudinibus quæstio verteretur; tandem inter eos nobis mediantibus compositio facta est in hunc modum: Eustathia Abbatissa assensu [a] Capituli sui in præsentia nostra publice Meldis recognovit Meldensem Epis-

[a] *On a voulu dire que l'Abbesse de Jouarre s'estoit trouvée par hazard à Meaux. mais ces mots font voir qu'elle y estoit venuë exprés du consentement de son Chapitre, avec un légitime pouvoir.*

copum esse suum [a], & villæ Jotrensis Episcopum; & electam Jotrensem non debere benedici, nisi ab eo: nec etiam clericos Jotrenses ordinari, nisi per ipsum. Promisit etiam se Meldensi Episcopo exhibituram [b] omnem honorem & reverentiam, & omne jus, & omne debitum, quod prædecessores sui antecessoribus ipsius Episcopis [c] exhibuerunt; & insuper processiones, primam videlicet post Episcopi consecrationem, & ceteras quoties Episcopus à Romana Sede redierit. Huic igitur compositioni per nos factæ testimonium perhibuimus: sigilli nostri munus apposuimus. Actum anno ab Incarnatione Domini [d] M. C. LXXXIII. Datum per manum Lambini Cancellarii nostri.

[a] *La contestation n'estoit pas sur le territoire, mais sur la sujétion: & c'est en cela que l'Abbesse reconnoist l'Evesque de Meaux pour son Evesque.*

[b] *Les mots suivans renferment toute la jurisdiction, & il paroist que l'Evesque en estoit en possession: ce que les paroles suivantes marquent encore mieux.*

[c] *On a veû par les Constitutions d'Honoré II. & Alexandre III. qu'on leur rendoit une pleine obeissance.*

[d] *Remarquez que jusqu'à 1183. il n'y avoit point de privilege.*

Contestation sous Innocent III. qui siegea depuis 1198. jusqu'à 1216.

HUITIE'ME PIECE DE L'AN M. CC. III.

tirée du mesme Cartulaire, compulsée, & imprimée, T. II. du Penitentiel de Theodore, p. 713. & par M. Baluze, T. II. des Epistres d'Innocent III. p. 290.

Sententia ab Innocentio III. lata contra Presbyterum de Jotro, qui audito Episcopi mandato in vocem appellationis proruperat.

INnocentius Episcopus servus servorum Dei, venerabili fratri Parisiensi Episcopo, & dilecto filio Abbati Latiniacensi, salutem & Apostolicam benedictionem. Conquerente venerabili fratre nostro Meldensi [a] Episcopo, nostris est auribus intimatum, quod Hugo Presbyter sancti Petri

[a] *C'estoit Anseau qui tint le siege depuis 1200. jusqu'à 1208.*

Jotrensis, licet à [a] prædecessore suo curam susceperit animarum, & ei teneatur super hoc respondere, monitus ab eo ad præsentiam ejus venire contemsit, & audito ejus mandato statim in vocem appellationis prorupit; quod [b] multis jam annis elapsis non fuit per se vel per alium prosecutus. Quocirca discretioni vestræ per Apostolica scripta mandamus, quatenus eundem Presbyterum, ut super hoc ipsi Episcopo debitam satisfactionem impendat, & deinceps mandatis illius obediat, ut tenetur per censuram Ecclesiasticam, appellatione remota, cogatis: testes autem qui nominati fuerint, si se gratia, odio vel terrore subtraxerint, per districtionem Ecclesiasticam [c] appellatione postposita compellatis veritati testimonium perhibere, nullis literis veritati & justitiæ præjudicium facientibus, si quæ apparuerint à Sede Apostolica impetratæ. Quod si non ambo his exequendis potueritis interesse, tu, frater Episcope, ea nihilominus exequeris. Datum Lateran. x. Kalend. Junii, Pontificatus nostri anno quinto.

C'est icy la premiére commission d'Innocent III. adressée à Odon de Sully Evesque de Paris, & à l'Abbé de Lagny contre le Curé de Joüarre; & on en va voir une semblable adressée aux mesmes, & de mesme date contre l'Abbesse, le clergé & le peuple.

[a] *On voit par là que le Curé de Joüarre recevoit son institution & la cure des ames*, curam animarum, *de l'Evesque de Meaux, & luy demeuroit soumis: ce qui venoit de plus haut & de toute antiquité, puis qu'il paroist par la piece cinq cy-dessus, que le droit de l'Evesque luy avoit esté conservé de tout temps.*

[b] *Remarquez le mauvais droit de ce Curé rebelle, qui avoit abandonné son appel.*

[c] *Le Pape ordonne qu'on procede nonobstant appel, comme dans une chose qui ne recevoit point de difficulté.*

Som

Sous le mesme Innocent III.

Neuviéme Piece de mesme date,

tirée du mesme Cartulaire, compulsée, & imprimée, T. II. du Penitentiel de Theodore, p. 714. & par M. Baluze, T. II. des Epistres d'Innocent III. p. 290.

Sententia ab Innocentio III. lata pro auctoritate Episcopi adversus Abbatissam, clerum, & populum Jotreum, sublato appellationis diffugio.

INnocentius Episcopus servus servorum Dei, venerabili fratri Parisiensi Episcopo, & dilecto filio Abbati Latiniacensi, Salutem & Apostolicam benedictionem. Sicut venerabilis frater noster Meldensis Episcopus in nostra præsentia constitutus sua nobis conquestione monstravit, quod Abbatissa Jotrensis obedientiam,[a] quam debet impendere cum clericis etiam & hominibus ejusdem villæ, ipsi Meldensi Episcopo suo renuit obedire. Ne igitur, si eorum inobedientia remaneat incorrecta, eis incentivum pariat delinquendi; discretioni vestræ per Apostolica scripta mandamus, quatenus Abbatissam, clericos, & laicos supradictos, ut super hoc memorato Episcopo debitam[b] satisfactionem impendant; ac deinceps eidem sicut Episcopo suo prout tenentur obedientiam exhibeant & honorem, per districtionem Ecclesiasticam sublato appellationis diffugio justitia mediante cogatis: testes autem qui nominati fuerint, si se gratia, odio, vel timore subtraxerint, per districtionem Ecclesiasticam[c] appellatione postposita compellatis veritati testimonium perhibere, nullis literis veritati & justitiæ præjudicium facientibus, si quæ apparuerint à Sede Apostolica impetratæ. Quod si non ambo his exequendis potueritis interesse, tu, frater Episcope, ea nihilominus exequaris. Datum Lateran. X. Calend. Junii Pontificatus nostri anno quinto.

[a] *L'Evesque énonce que l'Abbesse luy devoit une pleine obéïssance, & la verité de l'énoncé est démonstrée par toutes les pieces précedentes.*

[b] *Jusqu'icy l'Evesque joüit de tout son droit, & on punit les désobéïssans.*

[c] *Remarquez encore qu'on doit proceder contre les Religieuses, comme contre le Curé, nonobstant appel.*

Faits résultans des Pieces précedentes.

1. QUe l'éxemption de Joüarre n'a pas la faveur de celles, qui sont *ab origine*, dés le temps de la fondation des Abbayes.

2. Que loin d'estre millenaire, elle n'estoit pas en 1183. par la piece VII.

3. Qu'elle ne pouvoit avoir que quinze ans au plus à l'exaltation d'Innocent III. n'y en ayant pas davantage depuis 1183. jusqu'à 1198. où ce Pape fut éleû.

4. Que sous ce Pape l'Evesque estoit maintenu en pleine jurisdiction, du moins jusqu'à la cinquiéme année de son Pontificat, qui estoit l'an 1203. sans qu'il parust aucune éxemption.

5. Qu'on ne sçauroit dire quand, ni comment elle est née.

Sous le mesme Innocent III.

DIXIE'ME PIECE DE L'AN M. CC. IV.

tirée du mesme Cartulaire, compulsée: & imprimée par M. Baluze, T. II. des Epistres d'Innocent III. p. 291. & produite dans le Factum de Joüarre.

Dilectis filiis Longipontis Suessionensis & Sancti Justi Belvacensis Diœcesum Abbatibus, & Magistro G. Archidiacono Suessionensi.

IN nostra præsentia constitutus dilectus filius venerabilis fratris nostri Meldensis Episcopi procurator proposuit coram nobis, quod cum Jotrense Monasterium [a] à suæ fundationis tempore fuerit Ecclesiæ Meldensi subjectum, ita quod Meldensis Episcopus tam in benedictione & [b] obedientiâ Abbatissæ, quam consecratione Altarium & Ecclesiarum, velatione virginum, clericorum ordinatione, procurationibus, pœnitentiis imponendis pro majoribus crimi-

[a] *L'Evesque énonce que le Monastere de Joüarre est soumis dés son origine; & la vérité de l'énoncé se démontre par toutes les piéces précedentes.*

[b] *Remarquez la profession de l'obeissance de l'Abbesse à sa bénédiction, ce qui est conforme à la piece VII. cy-dessus.*

nibus, ac aliis in Monasterio ipso & Villa Jotrensi, Episcopalem jurisdictionem[a] consueverit exercere, Abbatissa quæ Monasterio modo præest, debitam ei obedientiam & reverentiam, & procurationes quæ ipsi & prædecessoribus ejus fuerunt exhibitæ denegans, presbyterum etiam, clericos & laïcos Villæ Jotrensis ab ejus obedientiâ revocavit : cumque propter hæc idem Episcopus suam ad nos querimoniam destinasset, venerabili fratri nostro Parisiensi Episcopo, & dilecto filio Abbati Latiniacensi causam[b] commisimus terminandam. Coram quibus cum restitutionis beneficium super Abbatissæ obedientiâ & jurisdictione quam prædecessores ejus in Monasterio & Villa Jotrensi exercuerant, postulasset ; procurator Monasterii & hominum Villæ prædictæ multa proposuit contra eum, quæ quoniam judices reputarunt[c] frivola, sicut erant, Procurator ipse ad nostram Audientiam appellavit. Judices vero appellationi frustratoriæ nullatenus deferentes, præsertim cum per literas nostras sublatum fuisset partibus[d] diffugium appellandi, in Abbatissam[e] excommunicationis, & tam clerum quàm populum Villæ Jotrensis interdicti sententias protulerunt, & mandaverunt postmodum utramque sententiam per vicinas Ecclesias publicari. Sed nec Abbatissa se[f] pro excommunicata habuit, nec clerus & populus interdicti sententiam servarunt. Verum quoniam eos citare cœperunt, [g] aliqui vicinorum per nuncios ad Sedem Apostolicam destinatos ad venerabilem fratrem nostrum Cathalaunensem

[a] *Remarquez encore, que l'Evesque estoit en pleine possession de toute la jurisdiction, tant sur le Monastere que sur le Clergé & le Peuple ; ce qui est confirmé par toutes les piéces précedentes.*

[b] *Ces commissions d'Innocent III. sont rapportées cy-dessus, piece VIII. & IX.*

[c] *On voit par cét énoncé, que les Juges déleguez jugerent frivole l'appellation des Religieuses, & de la ville de Joüarre, & tout ce qu'on alléguoit pour la soutenir.*

[d] *Les déleguez avoient raison de proceder nonobstant appel, selon les termes de leur commission, dans les pieces VIII. & IX.*

[e] *L'Abbesse est excommuniée, & le Clergé, & le Bourg interdits par les déleguez, selon les termes de leur commission, aux mesmes pieces VIII. & IX.*

[f] *On voit par-là, l'attentat manifeste du Monastere & du Bourg de Joüarre, qui ne déferent point à l'excommunication & à l'interdit, quoy que le Pape eust ordonné qu'on procederoit nonobstant appel.*

[g] *Les Religieuses sentoient en leur conscience leur cause si mauvaise, qu'elles n'osoient paroistre à Rome par elles-mesmes, & ce furent leurs voisins qui y eurent recours pour elles :* aliqui vicinorum.

Episcopum tunc electum, & dilectum filium Abbatem Trium-fontium sub certâ formâ [a] literas impetrarunt: qui, licet pars Monasterii [b] nullam exceptionum probaverit quas proposuerat coram nobis, prædictam sententiam relaxarunt, certum terminum partibus præfigentes quo se nostro conspectui præsentarent. Petebat igitur procurator Episcopi pro Episcopo memorato ante omnia beneficium sibi restitutionis impendi, cum non deberet causam ingredi spoliatus, & canonice tam Abbatissam quam clericos & laïcos Jotrensis villæ puniri, quia latam in se sententiam non servarant. Cæterum procurator partis alterius proposuit ex adverso, quod cùm monasterium Jotrense [c] plenâ gaudeat libertate, ac in villa Jotrensi tam spiritualem quam temporalem jurisdictionem habeat Abbatissa, sicut prædecessorum nostrorum privilegia Monasterio concessa Jotrensi pleniùs manifestant, prædictus Episcopus [d] non ignarus eorum Monasterium & villam Jotrensem per literas ad prædictos Judices impetratas graviter molestavit. Coram quibus per procuratorem proprium pars eadem constituta, [e] non contestando litem, sed excipiendo potius contra eos, libertatem suam & jus Sedis Apostolicæ [f] allegavit, adjiciens quod

[a] *C'est icy la commission d'où le Chapitre* Ex parte *a esté tirée, & dont il sera parlé dans la piece* XIV. *ce qui paroist par l'adresse & par le contenu de ce chapitre, conforme de mot à mot à ce qui en est rapporté icy.*

[b] *Cét endroit fait voir encore combien estoit juste la Sentence des premiers déleguez, qui estoient l'Evesque de Paris & l'Abbé de Lagny, contre les Religieuses de Joüarre: puisque ces Religieuses ayant proposé contre eux diverses exceptions devant le Pape, il est constant par cét endroit qu'elles n'en avoient prouvé aucune; ensorte qu'elles n'avoient raison en rien.*

[c] *Les Religieuses énonçoient deux choses: la premiere, leur pleine exemption; la seconde, leur pleine jurisdiction spirituelle & temporelle sur le Bourg de Joüarre; mais ce dernier est faux manifestement, comme on le verra cy-dessous par leurs propres pieces. On pourroit juger par là de la verité de leur premiere allégation, quand elle ne seroit pas contraire à toutes les pieces précedentes.*

[d] *On fait accroire à l'Evesque qu'il n'ignoroit pas les privileges de Joüarre, bien qu'on n'en voye auparavant aucune mention; mais au contraire la pleine dépendance de ce Monastere.*

[e] *On voit icy que les Religieuses n'usoient que de chicane & de vains subterfuges, en proposant des exceptions contre l'Evesque de Paris & l'Abbé de Lagny, sans en pouvoir prouver aucune, comme il paroist par la remarque* l.

[f] *On voit bien que ces Religieuses alléguent déslors comme à présent leurs prétendus privileges, sans les produire devant les Juges & avec la Partie: parce que la fausseté ou la nullité en auroient esté trop facilement reconnuës.*

cum venerabilis frater noster [a] Hostiensis Episcopus, tunc Apostolicæ Sedis Legatus, ipsius privilegia cognovisset, electam à Monialibus benedixerat Abbatissam, & professionem ab ea pro nobis & Ecclesiâ Romanâ receperat, & solitum etiam juramentum. Verum cùm Judices delegati & Assessores eorum postulatas ab Abbatissa, & .... [b] inducias ad exhibenda libertatis privilegia denegassent, procurator earum ad Sedem Apostolicam appellavit; excipiens contra judices delegatos, quod cum prædictus Parisiensis Episcopus adversus dilectum filium Abbatem sanctæ Genovefæ movisset similem quæstionem, erat ei de jure suspectus, cùm vix credibile videretur quod aliam sententiam promulgaret quam vellet in simili pro se ferri. Præterea cùm sine conjudice suo interloqui voluisset, licet pars Abbatissæ illum peteret expectari, ex hoc quod notam surreptionis incurrerat apud ipsas & suum induxerat in suspicione collegam, quem asseruit quicquid vellet ipse facturum: insuper cum de privilegiis Apostolicæ Sedis nullam facerent mentionem, & per privilegia ipsa suam defenderet Monasterium libertatem, non cogebatur ad prædictas literas respondere. Cæterum judices nec appellationi ad nos interpositæ, nec propositis exceptionibus deferentes, excommunicationis in Abbatissam, & in clerum & populum interdicti sententias protulerunt. Nuntiis ergo Jotrensis Ecclesiæ in nostra præsentia constitutis, nobisque [c] privilegium Apostolicum ostenden-

[a] *Les Religieuses tirent avantage de ce que le Cardinal Evesque d'Ostie avoit beni leur Abbesse, & avoit receu la profession de son obeissance pour l'Eglise de Rome; ce qu'il n'auroit point fait, disent-elles, si ce Légat n'avoit connu leur privilege & leur éxemption. Mais il n'y a rien à conclure de cette action du Légat, qui est une entreprise manifeste: puis qu'il paroist par les* XIV. *&* XV. *pieces, qu'encore en* 1209. *& jusqu'à* 1220. *les Papes mesmes reconnoissoient que la bénédiction de l'Abbesse appartenoit à l'Evesque de Meaux. On voit icy, comme ailleurs, que tout ce qui est favorable aux Religieuses, se fait par voye de fait & sans regle. On voit des allégations de privilege, qu'on suppose que d'autres ont veû, mais jamais le privilege mesme, qui est pourtant ce qu'il faudroit voir.*

[b] *Les Religieuses de Jouarre fuyent & chicanent toûjours. Si elles avoient eû un privilege aussi authentique qu'elles le prétendent, elles n'auroient pas demandé du temps pour le produire, & elles l'auroient produit d'abord. Jouarre n'est pas si éloigné de Paris ou des environs, où l'Evesque de Paris & l'Abbé de Lagny procédoient.*

[c] *Voicy tout l'énoncé & tout le dispositif du chapitre* Ex parte, *comme il paroist par les termes de ce chapitre, cy-aprés piece* XIV. *ce qui marque qu'il est antérieur à la piece que nous rapportons à present, & on verra de quelle conséquence est cette datte.*

tibus, per quod [a] constabat Jotrense Monasterium ad Romanam Ecclesiam specialiter pertinere, quia pro parte altera non comparebat sufficiens responsalis, licet diutius fuerit expectatus, quamvis nuntius quidam simplex prædicti Parisiensis & conjudicis sui nobis literas præsentasset, privilegium Ecclesiæ Jotrensi concessum duximus innovandum, ita tamen quod per innovationem ipsius nihil accresceret juris ipsi ultra id quod ei per antecessorum nostrorum privilegia fuerit acquisitum, cùm per hoc non novum jus ipsi concedere, sed antiquum vellemus potius conservare. Quia vero de prædictis exceptionibus nobis non poterat fieri plena fides, prædictis Cathalaunensi Episcopo & Abbati Trium-fontium dedimus in mandatis, ut si pars Jotrensis Ecclesiæ illis vel aliis probandis instaret circa sententias memoratas, partibus convocatis audirent quæ proponerentur utrinque; & si constaret sententias ipsas post appellationem ad nos legitime interpositam fuisse prolatas, denuntiarent eas sublato appellationis obstaculo non tenere: quod si alias minus rationabiliter essent latæ, ipsas exigente justitiâ revocarent, alioquin cum propter contumaciam tantum promulgatæ fuissent, tam ab Abbatissa quam ab aliis a quibus exigenda viderent, juratoriam reciperent cautionem, quod super iis ad mandatum Apostolicum juri starent, & sic relaxarent sententias memoratas, ad majorem cautelam facientes idipsum, si Abbatissa fugiens strepitum quæstionum, ab exceptionum suarum probatione cessaret. Ad hæc, [b] cùm nollemus ut de privilegiis Romanorum Pontificum alii de facili judicarent, eisdem dedimus in mandatis, ut si de jure suo vellet Meldensis Episcopus experiri, præfigerent partibus terminum competentem, quo per se vel procuratores idoneos nostro se conspectui præsentarent.

[a] *Comme c'est icy l'énoncé du chapitre* Ex parte, *on renvoye aux remarques qu'on fera sur ce chapitre, cy-aprés piece* XIV. *On remarquera seulement icy que les Religieuses qui se contentent d'alléguer leur privilege avec la partie, ne le produisent que dans un temps où il n'y avoit point de légitime contradicteur :* pro parte alterâ non comparebat sufficiens responsalis : *ou, comme porte le chapitre mesme* Ex parte : nullus apparuit idoneus responsalis, qui partem defensaret adversam.

[b] *On voit par toute la suite que la cause pour le fonds estoit encore indécise : puis que le Pape charge les Commissaires de citer pour cela les parties devant luy, & de mettre l'affaire en état : ce qui est important, comme on va voir.*

Unde cum Abbatissa strepitum judiciorum evitans, exceptiones probare propositas noluisset, Judices juxta mandatum Apostolicum procedentes, prædictas sententias relaxarunt. Cum ergo propter hoc mandaverimus partes ad nostram præsentiam destinari, quia judicari de privilegiis Sedis Apostolicæ per alios nolebamus, & per privilegia, non possessio, sed proprietas potius demonstretur, procurator Monasterii asserebat quod super proprietate venerat tractaturus, nec tenebatur super restitutionis articulo respondere. [a] Præterea idem Episcopus mercato quodam confirmato Jotrensi Monasterio per Sedem Apostolicam illud temere spoliarat, cùm sub pœna excommunicationis inhibuit, ne quis illud prout solitum fuerat frequentaret; sic quod Jotrensi Ecclesiæ non modica damna intulerat & jacturas. Idem etiam Episcopus a quibusdam Jotrensis Ecclesiæ non modica, quos absolvere propriâ temeritate præsumserit, exegit, in Monasterii præjudicium, juramentum, quod durante interdicto Jotrum de cætero non redirent. Nos igitur attendentes, quòd etsi de privilegiis antecessorum nostrorum non mandaverimus, sed quodammodo inhibuerimus per alios judicari, volentes nobis eorum judicium reservare; quia tamen adjecimus ut si prædictus Episcopus de jure suo vellet forsitan experiri, præfigeretur partibus terminus quo se nostro conspectui præsentarent, & non tantum ad proprietatem, sed etiam ad possessionem se habeat verbum juris, discretioni vestræ per Apostolica scripta mandamus, quatinus cùm lis tam super Episcopi spoliatione quam impedimento fori coram nobis fuerit contestata, quæ super præmissis proposita fuerint audiatis, & recipiatis appellatione remota tam instrumenta quam testes, depositiones publicetis & examinetis legitime, ac si partes consenserint, ad sententiam procedatis; alioquin causam sufficienter instructam ad nos remittere procuretis, statuentes terminum competentem partibus quod recepturæ sententiam per se vel responsales idoneos nostro se conspectui repræsentet. Testes autem qui fuerint nominati, si se gratiâ,

[a] *Il paroist par cét endroit, qu'outre le différent pour le spirituel, il y avoit des droits temporels à debattre entre l'Evesque & le Monastere.*

odio & timore subtraxerint, per censuram ecclesiasticam, appellatione cessante, cogatis veritati testimonium perhibere, nullis literis obstantibus præter assensum partium à Sede Apostolica impetratis. Quod si non omnes iis exequendis potueritis interesse, duo vestrum ea nihilominus exequantur. Datum Anagniæ XI. Kal. Januar. Pontificatus nostri anno sexto.

Moyens de fait & de droit résultans de cette piece.

1. QUe l'Evesque estoit en pleine possession de la jurisdiction, & que les Religieuses ne faisoient que fuir & chicaner, n'osant mesme d'abord par elles-mesmes avoir recours au Saint Siege.

2. Qu'elles alléguent des privileges devant les juges deleguez sans oser les produire avec la partie : mais les montrant seulement lors qu'il n'y avoit aucun legitime contradicteur.

3. Que le privilege qu'on ne montre point encore à present, n'a jamais esté veû comme il faut, ni dans aucun jugement contradictoire.

4. Que la date du Chapitre *Ex parte*, qui contient la commission adressée à l'Evesque de Châlons & à l'Abbé de Trois-fontaines, doit estre entre la commission à l'Evesque de Paris & à l'Abbé de Lagny, & celle-cy qui est adressée aux Abbez de Longpont & de Saint Just.

5. Qu'il demeure démontré par là que si cette commission aux Abbez de Longpont & de Saint Just, laisse l'affaire de l'exemption indécise dans son fonds, à plus forte raison est-ellé indécise par le Chapitre *Ex parte*, qui la precedoit : ce qui montre que ce Chapitre n'a point esté, comme on l'a prétendu, la décision ni un jugement définitif de la cause : par où est clairement renversé le principal fondement des Religieuses : ce qui sera confirmé par toutes les pieces suivantes.

Sous le mesme Innocent III.

ONZIE'ME PIECE DE L'AN M. CC. VI.

tirée du mesme Cartulaire, & imprimée par M. Baluze, T. II. des Epistres d'Innocent III. p. 292. & produite au Factum de Joüarre.

Dilectis filiis Decano Sancti Thomæ Crispiacensis Silvanectensis Diœcesis, Germundo Canonico Suessionensi, & Magistro Gerardo de Sancto Dionysio Canonico Noviomensi.

OLim inter procuratores venerabilis fratris nostri Meldensis Episcopi, & dilectæ in Christo filiæ Abbatissæ Jotrensis, lite in auditorio nostro legitimè contestatâ tam super obedientiâ quam dictus Episcopus ab eâdem Abbatissâ conquerebatur sibi esse subtractam in consecratione Altarium, dedicatione Ecclesiarum, velatione virginum, ordinatione clericorum, exhibitione procurationum, & pœnitentiis pro majoribus criminibus imponendis, ac aliis quæ in Monasterio & villa Jotrensi Meldensis Episcopus consueverat exercere, quàm impedimento fori, super quo Abbatissa conquerebatur per ipsum Episcopum illatas sibi & Monasterio suo graves injurias & jacturas; Nos examinationem hujus negotii dilectis filiis Longipontis & Sancti Justi Abbatibus, & Magistro G. Archidiacono Suessionensi duximus committendam, qui auditis confessionibus, receptis testibus, & allegationibus intellectis, causam ipsam sufficienter instructam cum quorumdam instrumentorum rescriptis ad nostrum remiserunt examen, præfigentes partibus terminum competentem quo recepturæ sententiam nostro se conspectui præsentarent. Partibus igitur in nostrâ præsentiâ constitutis, postquam de meritis causæ fuimus sufficienter instructi, de fratrum nostrorum consilio, restitutionem obedientiæ super præscriptis capitulis, salvâ quæstione proprietatis, adjudicavimus Episcopo faciendam, [a] illis duntaxat exceptis super quibus in cle-

[a] *Il ne paroist pas icy bien clairement en quoy la possession avoit esté ajugée à l'Evesque : mais on verra cy-aprés par la Sentence du Cardinal Romain, piece XVI. qu'il demeura en possession du droit de visite : ce qui emporte la pleine supériorité.*

ro & populo villæ Jotrensis asserebat obedientiam sibi fuisse subtractam; super quibus ab impeditione Episcopi quoad judicium possessorium absolvimus Abbatissam, eundem Episcopum nihilominus absolventes super impetimento fori de quo eum ad restitutionem damnorum impetierat Abbatissa. Quocirca discretioni vestræ per Apostolica scripta mandamus, quatenus prælibatam sententiam per censuram Ecclesiasticam facientes firmiter observari, postquam idem Episcopus fuerit restitutus, audiatis [a] quæ super jure proprietatis proposita fuerint coram vobis, & causam sufficienter examinatam ad audientiam nostram fideliter remittatis, per nostræ diffinitionis sententiam terminandam. Si verò præfatus Episcopus infra mensem post factam sibi restitutionem nollet coram vobis super petitorio respondere, vos eum de contumacia punientes, Abbatissam in possessionem libertatis super præscriptis capitulis reducatis. Testes autem qui fuerint nominati, &c. nullis literis, &c. Quod si non omnes, &c. duo vestrum sublato cujuslibet contradictionis & appellationis obstaculo ea nihilominus exequantur. Datum Romæ apud Sanctum Petrum V. Kal. Februarii, Pontificatus nostri anno octavo.

[a] *L'état de la cause se voit icy parfaitement. Par la Sentence du Pape la possession est ajugée à l'Evesque en beaucoup de choses, & entre autres, comme on vient de voir. dans le droit de visite : & le fonds restoit à instruire ; par conséquent indécis : mesme au chapitre* Ex parte, *qui a précedé cette commission, comme il a esté dit cy-dessus.*

Sous le mesme Innocent III.

DOUZIE'ME PIECE DE L'AN M. CC. VI.

tirée du mesme Cartulaire : & imprimée par M. Baluze, T. II. des Epistres d'Innocent III. p. 192. & produite au Factum de Joüarre.

Dilectis filiis Sancti Justi Belvacensis Diœcesis & Longipontis Abbatibus, & G. Archidiacono Suessionensi.

SIgnificavit Nobis venerabilis frater noster Meldensis Episcopus, quòd cùm causam quæ inter ipsum ex una parte, & Abbatissam, clerum & populum Jotrenses Meldensis diœcesis ex altera, super obedientiâ, procurationibus, & aliis quæ in Monasterio ejusdem loci & villa Jotrensi idem Episcopus sibi Diœcesano jure competere asserebat, sub certâ formâ vobis duxerimus committendam, vos interlocutoriam protulistis, quod dictus Episcopus contra clerum & populum per literas illas agere non valebat. Quare idem Episcopus vobis dari in mandatis à nobis humiliter postulabat, ut eum tam contra Abbatissam quàm dictos clerum & populum audientes, in causa prædicta juxta prioris mandati nostri tenorem procedere ratione præviâ curaretis. Cùmque dilectus filius magister P. procurator cleri & populi Jotrensis se opponeret ex adverso, dilectum filium A. Subdiaconum & Capellanum nostrum ipsis dedimus auditorem. In cujus præsentiâ idem magister proponere procuravit, quòd cùm idem Episcopus contra Abbatissam, clerum & populum Jotrensem literas Apostolicas impetrasset de libertatibus vel privilegiis quæ ipsis à Sede Apostolica sunt indulta, quarum Episcopus ipse non erat ignarus, nullâ penitus habitâ mentione, auctoritate illarum literarum agere voluit contra eos, & propter contumaciam fecit in ipsos, post appellationem ad nos legitimè interpositam, excommunicationis & interdicti sententias promulgari; quas postmodum venerabilis frater noster Cathalaunensis Episcopus, & dilectus filius Triumfontium Abbas auctoritate Apostolicâ relaxantes, partibus certum terminum quo se nostro conspectui præsentarent, de mandato Sedis Apostolicæ præfixerunt. Cumque procuratores utriusque partis termino constituto fuissent in nostrâ præsentiâ constituti, procurator ipsius Episcopi contra Abbatissam intendens, nihil penitus contra clerum & populum proponere procuravit, unde ad suscitandam contra clerum & populum quam semel omiserat quæstionem, admitti iterum non debebat. Quia verò de præmissis nobis non potuit fieri plena fides, vobis de communi partium assensu per Apostolica scripta mandamus, quatenus tam in Abbatissam quàm clerum & populum Jotrensem juxta commissionis vobis factæ tenorem ratione præviâ procedatis. Datum Romæ apud Sanctum Petrum Nonis Martii, Pontificatus nostri anno octavo.

Cette piece dont les Religieuses se servent, n'est bonne qu'à faire voir qu'aprés le Chapitre *Ex parte*, & toutes les pieces precedentes, la question de la jurisdiction pour le fonds estoit encore indecise entre l'Evesque d'un costé, & le Monastere, le clergé & le peuple de l'autre : puis que le Pape ordonne encore à ses deleguez de proceder contre l'Abbesse, le clergé & le peuple à la requeste de l'Evesque.

TREIZIE'ME PIECE.

tirée du Corps du Droit Canonique. Le chapitre *Ex parte, de privilegiis.*

Innocentius III. Cathalaunensi Electo, & Abbati Trium-fontium.

[a] *Innovatio privilegiorum novum jus non tribuit, sed antiquum conservat.*

EX parte Abbatissæ ac Sororum Jotrensis Ecclesiæ nostris fuit auribus intimatum, quòd venerabilis frater noster Meldensis Episcopus commissionis occasione cujusdam ad venerabilem fratrem nostrum Parisiensem Episcopum & dilectum filium Abbatem de Latiniaco a nobis obtentæ, in quâ nulla mentio habebatur de ipsarum privilegiis, quæ illas & earum Ecclesiam, clerum & populum Jotrensem ad Apostolicam Sedem nullo mediante spectare declarant, [b] quorum ipse non erat ignarus, eas incepit graviter molestare, obedientiam ab ipsis ac clero & populo villæ Jotrensis, qui secundum privilegia Sedis Apostolicæ gaudent consimili libertate, subjectionem omnimodam impendendam sibi requirens. *Et infrà :* Verum cum judices & assessores eorum ipsas valde gravarent, ad appellationis beneficium convolarunt. *Et infrà :* Sed judices ipsi appellationi minime [c] deferentes, nec fragilitati sexus compa-

[a] *C'est le sommaire de ce Chapitre qui fait voir quel en est l'esprit, & pourquoy il est inseré dans le Corps de Droit.*

[b] *L'Evesque n'avoit garde d'avoir connoissance des Privileges de Joüarre, dont on n'avoit veû jusqu'alors nulle mention, & que les Religieuses n'avoient ozé montrer en sa presence, comme il a déja esté dit sur la piece x. Remarques* i, n, p, q, r.

[c] *Parce qu'il estoit dit dans leur commission, pieces* VIII. *&* IX. *qu'ils procederoient*, appellatione postpositâ, *&* sublato appellationis diffugio.

tientes earum, in Abbatissam & conventum excommunicationis, in clerum & populum villæ Jotrensis interdicti sententias protulerunt. Sanè cum nuntii Jotrensis Ecclesiæ prædicta & alia multa in nostra præsentia retulissent, quibus eas & suos contra libertatem eis concessam gravatos dicebant, privilegium nobis Apostolicum ostenderunt per quod Ecclesiam Jotrensem constabat ad Romanam Ecclesiam specialiter pertinere. Nos autem eos diutius detinentes propter appellationem prædictam, quia tandem nullus apparuit idoneus responsalis [a] qui partem defensaret adversam, licet postmodum quidam simplex nuntius super hoc prædictorum Parisiensis Episcopi & Latiniacensis Abbatis literas præsentasset, privilegium Apostolicæ Sedis Ecclesiæ Jotrensi [b] concessum duximus innovandum: ita tamen ut per innovationem ipsius, eidem Ecclesiæ nihil juris plus accrescat quam per privilegia prædecessorum nostrorum obtinuit: cum per hoc, [c] novum ei non concedere, sed antiquum jus conservare velimus.

[a] *L'Evesque estoit occupé alors à la poursuite de son droit devant l'Evesque de Paris, & l'Abbé de Lagny, comme il paroist, piece x. Dans l'édition de M. Pithou ce chapitre est daté de 1213. Si cela est, le Siége de Meaux estoit vacant par la retraite volontaire de Godefroy de Tressi dans l'Abbaye de Saint Victor de Paris: ce qui arriva cette mesme année.*

[b] *Il paroist donc que ce privilege n'auroit pas esté confirmé, s'il y avoit eû un légitime contradicteur.*

[c] *Voilà manifestement pourquoy ce Chapitre est inseré dans le Droit, & la raison du sommaire qu'on a mis à la teste.*

Faits résultans de ce chapitre.

1. QUe ce Chapitre n'est pas inseré dans le Droit pour confirmer le Privilege de Joüarre, mais seulement pour faire voir qu'en renouvellant un privilege, on ne donne aucun nouveau droit; ce qui aussi est marqué par le sommaire, & paroist clairement par la fin du Chapitre.

2. Que le dessein d'Innocent III. dans ce chapitre, n'estoit pas de juger la question du privilege, puis que son intention est, sans préjuger, de laisser les choses en l'état où elles estoient.

3. Qu'en effet, en 1225. où le Cardinal Romain rendit sa Sentence, l'Evesque estoit encore en possession du droit

de visite qui emporte toute la jurisdiction, comme il paroistra cy-aprés, piece XVI.

4. Que lors que ce privilege fut montré au Pape, il n'y avoit point de legitime contradicteur, ni personne de la part de l'Evesque: ce qui fait qu'on peut aisément avoir surpris le Pape en luy montrant un privilege ou faux ou nul. *Nullus apparuit idoneus responsalis, qui partem defensaret adversam.*

5. Que si l'Evesque eust esté present, & qu'il eust contredit le privilege, le Pape ne l'auroit pas confirmé: ce qui est conforme au chapitre *Cùm olim: De Privil.* où le Pape parle ainsi: *Cùm olim essemus apud Perusium constituti, & tu, fili Abbas, Privilegium Lucii Papæ nobis præsentans postulaveris innovari; propter contradictionem Episcopi Eugubini asserentis hoc in suum præjudicium redundare, non fuit effectui mancipatum.* On voit clairement par ce chapitre qui est d'Innocent III. aussibien que le chapitre *Ex parte*, que la seule opposition de l'Evesque empescha le Pape de confirmer le privilege d'une Abbaye, & que c'estoit-là l'esprit des Papes, & en particulier celuy d'Innocent III. & c'est pourquoy il dit clairement qu'il ne confirme ce privilege, qu'à cause qu'il ne parut point d'opposition de la part de l'Evesque.

6. Que ce prétendu Privilege est énoncé fort confusément, sans dire ni précisément ce qu'il contient, ni de quelle date il est, ni mesme quel Pape en est l'auteur.

7. Que le Pape énonce seulement: *Ecclesiam Jotrensem, ad Romanam Ecclesiam, &c.* sans parler ni du clergé ni du peuple; au lieu que les Religieuses avoient énoncé, *ipsas & earum Ecclesiam, clerum & populum Jotrensem, &c.* ce qui montre que le Pape ne s'estoit pas mis beaucoup en peine de vérifier ce qu'on luy avoit exposé.

8. Qu'il ne faut point s'étonner s'il a si peu pris garde à ce privilege, puis que quel qu'il fust, il déclaroit qu'en le renouvellant il ne donnoit pas un nouveau droit, & ne faisoit tort à personne.

9. Que les Religieuses disent bien à la vérité que leur Privilege est si notoire que l'Evesque mesme ne l'ignoroit

pas ; mais que cette allégation ne se trouve établie par aucune piece précedente ; tout au contraire de celle de l'Evesque, qui n'a rien exposé au Pape sur son droit & sa possession qui ne soit justifié par piéces.

10. Que ni le Pape ni elles n'ont énoncé qu'elles eussent une jurisdiction active sur le clergé & sur le peuple de Joüarre ; mais seulement que ce clergé & ce peuple estoient immediats au Saint Siege ; ce qui justifie clairement que la jurisdiction active des Religieuses est une entreprise contre leur titre.

Moyens de droit résultans de ces faits.

IL résulte de ces faits & de ceux qu'on a établis par les pieces precedentes.

1. Que ce chapitre ne décide rien pour l'éxemption, puis qu'il paroist que long-temps aprés, l'affaire estoit encore à instruire, & que ce chapitre fait seulement partie de l'instruction.

2. Que ce chapitre porte son contredit avec soy, puis qu'il paroist par les termes dont il est conceû, que le privilege qui y est énoncé, n'a esté confirmé qu'en l'absence de l'Evesque, & ne l'auroit pas esté, s'il eust esté present pour s'y opposer.

3. Que c'est encore un autre contredit dans les termes de ce chapitre, de ce que le Pape dit expressément que cette confirmation laisse tout en son entier.

4. Que ce chapitre demeure en sa pleine vigueur, quant à la maxime qu'on y a établie, qui est qu'en renouvellant ou confirmant un privilege, le Pape ne donne aucun nouveau droit.

5. Que c'est donc à tort qu'on s'est récrié avec tant de vehemence à l'Audience, comme si on alloit abolir le Droit, au grand scandale des Allemans & autres étrangers parmi lesquels il est receû : puis qu'on voit que le droit que les Papes ont icy voulu établir subsiste en son entier.

6. Que quand il seroit véritable qu'on jugeroit contre ce chapitre, il n'y auroit pas plus à se récrier pour celuy-cy que pour cent autres des Decretales qu'on ne suit pas : ou parce

qu'elles ne conviennent pas à nos mœurs, ou parce qu'on y a dérogé par un nouveau droit. Dans la seule Session 24. du Concile de Trente, chapitre 1. 2. 3. 4. on a dérogé à une infinité de décretales qui validoient les mariages clandestins, &c. Ce mesme Concile a réduit presque à rien trente décretales sur les empeschemens, *Ex cognatione spirituali, ex publica honestate, ex affinitate per fornicationem, &c.* Tous ces Decrets du Concile sont receûs parmi nous, & personne ne se récrie qu'on ait anéanti le Droit. Il y a pareillement trente décrétales, *De rescriptis, de præbendis, de concessione præbendæ*, qui contiennent des mandats, *ad vacatura, ad obtinendam præbendam*, &c. qui sont abolies par un meilleur droit. Quand donc le privilege de Joûarre seroit canonisé dans le Droit, ce qui n'est pas, il n'y auroit point à s'étonner que le Concile de Vienne dans la Clementine *Attendentes*; & le Concile de Trente, *Sess. xxv. de Reform. cap. ix.* y eust dérogé.

7. Il y a bien plus à s'étonner qu'on osast preferer ce chapitre aux Decrets de deux Conciles Oécuméniques, celuy de Vienne & celuy de Trente, receûs par l'Ordonnance de Blois.

Sous Innocent III. en 1209. & Honoré III. en 1220.

QUATORZIE'ME ET QUINZIE'ME PIECES.

CEs deux piéces regardent la bénédiction de l'Abbesse de Joûarre.

La premiere qui est une Epistre d'innocent III. à l'Evesque de Meaux, imprimée par M. Baluze. *T. II. lib. XI. Epist. 56. p. 160.* contient ces faits.

1. Que l'Evesque de Meaux à qui le Bref estoit adressé n'estoit pas sacré: ce qui paroist mesme par l'adresse: *Dilecto filio Meldensi Episcopo electo.* Il n'estoit donc qu'éleû, & s'il eust esté sacré, le Pape l'auroit honoré du titre de Frere.

2. Que l'Abbesse de Joûarre n'avoit pû estre bénite, parce que l'Evesque de Meaux qui devoit faire cette fonction n'estoit pas sacré.

3. Que

3. Que le Pape luy ordonne de bénir cette Abbesse quinze jours aprés son sacre, sinon qu'il a donné la charge de le faire à l'Evesque de Troyes, un des Evesques voisins.

Cette lettre est de l'an onziéme du Pontificat d'Innocent III. qui est l'an 1209. Ce qui montre qu'encore en ce temps, le droit de benir l'Abbesse estoit conservé au propre Evesque; ce qui emportoit la profession de l'obeissance.

Encore onze ans aprés, & dans la quatriéme année d'Honoré III. successeur d'Innocent III. qui estoit l'an 1220. de Nostre Seigneur, ce Pape ayant commis un autre Evesque pour benir l'Abbesse, l'Evesque de Meaux s'en plaignit comme estant dépoüillé injustement de son droit, & il receût du Pape un acte de nonpréjudice, qui se trouve tout entier dans le Cartulaire de Meaux, d'où il a esté tiré & imprimé par M. Baluze, *T. II. p. 293.* ainsi le droit de l'Evesque & sa possession estoit encore en son entier en 1220.

Tout cela fait voir clairement que ce fut une entreprise manifeste au Légat, qui benit l'Abbesse de Joüarre au préjudice du droit de l'Evesque, comme il a esté observé piece x. remarque q. Ce Legat qui favorisoit l'Abbesse, vit bien que s'il la laissoit benir à l'Evesque de Meaux, la profession d'obeissance inséparable de cette action estoit une reconnoissance de la soumission du Monastere; c'est pourquoy pour l'en exempter, & la rendre autant qu'il pouvoit immediatement soumise au Saint Siege, il osta la benediction à l'Evesque, encore qu'on voye à present qu'elle luy appartenoit legitimement. Ainsi les Religieuses n'avancent que par surprise & par faveur, contre la regle & le droit.

Sentence du Cardinal Romain.

Seiziéme Piece de l'an M. CC. XXV.

Compositio facta inter Episcopum Meldensem & Ecclesiam Jotrensem.

ROmanus miseratione divina Sancti Angeli Diaconus Cardinalis, Apostolicæ Sedis Legatus, omnibus ad quos præsens scriptum pervenerit, in Domino salutem & sinceræ dilectionis affectum. Noverit universitas vestra, quòd suborta inter venerabilem Patrem Petrum Episcopum Meldensem ex parte una, & dilectos in Christo Abbatissam & conventum, clerum & populum Jotrensem ex altera, super subjectione ipsius monasterii & eorumdem cleri & populi, materia quæstionis, idem Episcopus proposuit in jure libellum hujusmodi contra eos. PETIT Meldensis Episcopus ab Abbatissa & conventu Jotrensi, quòd sibi obediant tamquam suo Episcopo in visitationibus faciendis, in corrigendis excessibus, in cognitionibus causarum tam civilium quàm spiritualium ac criminalium quarum cognitio ad Episcopum diœcesanum pertinet tamquam ad judicem ecclesiasticum, & in decisionibus earumdem, & in iis quæ ad cognitionem & decisionem pertinent, videlicet in veniendo ad citationes, recipiendo dierum assignationes, & in aliis quæ ad cognitionem & decisionem pertinent, & in observatione mandatorum suorum & statutorum suorum legitimorum, & processionibus faciendis Episcopo Meldensi quando post consecrationem suam primò accedit ad Ecclesiam earum, & in omnibus aliis ad jus episcopale pertinentibus. Petit etiam quòd Abbatissa in omnibus prædictis obedientiam ei promittat, his exceptis in quorum possessione est idem Episcopus & [a] quorum possessio fuit ei adjudicata auctoritate Domini Papæ, videlicet in consecratione altarium, in dedicatione Ecclesiarum, velatione virginum, ordinatione Clericorum, [b] exhibitione procurationum, & pœnitentiis pro majoribus criminibus injungendis; de quibus ad præsens non agit, cum sit in possessione eorumdem. Petit etiam idem Episcopus ut non impediant ipsum uti de cetero jurisdictione omnimoda, quam potest exercere in suis subditis Episcopus diœcesanus, in clero & populo Jotrensi. Petit à clero Jotrensi Episcopus Meldensis quòd si-

[a] *On verra dans les remarques suivantes, que les Religieuses demeuroient d'accord que l'Evesque estoit en possession de toutes les choses énoncées icy : c'est-à-dire, de la consécration des Autels, de la dédicace des Eglises, de la céremonie de voiler les vierges, du droit de visite, & de la pénitence publique ; à la réserve de ce dernier cas qui pouvoit n'estre pas arrivé.*

[b] *Remarquez le droit de visite parmi les choses dont la possession estoit adjugée à l'Evesque.*

bi obediat tamquam suo Episcopo in visitationibus faciendis, in corrigendis excessibus, in cognitionibus causarum tam civilium quàm spiritualium ac criminalium quarum cognitio ad Episcopum diœcesanum tamquam ad judicem ecclesiasticum pertinet, & in decisionibus earumdem, & in his quæ ad cognitionem & decisionem pertinent, videlicet in veniendo ad citationes, recipiendo dierum assignationes, & in aliis quæ ad cognitionem & decisionem pertinent & ad executionem eorum faciendam, & in observatione mandatorum & statutorum suorum legitimorum, & in omnibus aliis ad jus Episcopale pertinentibus, hoc excepto in cujus possessione est idem Episcopus, videlicet in ordinatione eorum. Petit Episcopus Meldensis à populo Jotrensi quod sibi obediant tamquam suo Episcopo in corrigendis excessibus omnibus quorum correctio ad Episcopum diœcesanum tamquam ad judicem Ecclesiasticum pertinet, in cognitionibus causarum tam civilium quàm spiritualium ac criminalium quarum cognitio ad Episcopum diœcesanum tamquam ad judicem Ecclesiasticum pertinet, & in decisionibus earumdem, & in his quæ ad cognitionem & decisionem pertinent earumdem, videlicet in veniendo ad citationes, recipiendo dierum assignationes, & in aliis quæ ad cognitionem & decisionem pertinent, & ut sententias excommunicationis & interdicti ab ipso latas in ipsos observent, & ut obediant ei in omnibus aliis ad jus episcopale pertinentibus. Quicquid autem idem Episcopus ab Abbatissa & conventu & clero & populo Jotrensi petit, petit salvo jure addendi, minuendi, mutandi. Istis autem petitionibus procurator Abbatissæ & conventus, cleri & populi Jotrensis in hunc modum respondit. DICUNT Abbatissa & conventus monasterium Jotrense exemptum esse & subesse immediatè Domino Papæ in omnibus, & proprietatem totius jurisdictionis ecclesiasticæ in monasterio Jotrensi nullo mediante ad Dominum Papam pertinere, & usum esse monasterium longissimo tempore hac libertate, sicut probabimus, si necesse fuerit, [a] per privile-

[a] *Remarquez que les Religieuses en faisant l'énonciation de leurs Titres, ne disent point qu'elles ayent des Lettres Patentes.*

gia & teſtes & inſtrumenta. Et ideo dicunt Abbatiſſa & conventus quòd non tenentur obedire Epiſcopo Meldenſi [a] in viſitationibus faciendis nec in alia re pro viſitatione facienda, in exceſſibus corrigendis, in cauſarum civilium vel ſpiritualium vel criminalium cognitionibus, nec in deciſionibus earumdem, nec tenentur venire ad citationes ipſius, nec recipere dierum aſſignationes, nec mandata vel ſtatuta obſervare, nec ei proceſſionem facere quando primo accedit poſt conſecrationem ſuam ad Eccleſiam Jotrenſem, nec alias ei in aliquibus ad epiſcopale jus pertinentibus obedire. Item non tenetur ei Abbatiſſa ſuper præmiſſis vel aliquo præmiſſorum, vel aliqua re in mundo obedientiam repromittere. Quod autem dicit Epiſcopus ſe ipſum eſſe in poſſeſſione quantum [b] ad pœnitentias pro majoribus criminibus imponendas, negant Abbatiſſa & conventus ipſum eſſe in poſſeſſione. Aliorum verò articulorum in quorum poſſeſſione dicit ſe eſſe idem Epiſcopus, dicunt ipſum nullum jus habere in proprietate. [c] Dicunt etiam Abbatiſſa & conventus omnimodam juſtitiam eccleſiaſticam & forenſem in clero & populo Jotrenſi pertinere ad Abbatiſſam. Dicit clerus Jotrenſis quòd non tenetur obedire Epiſcopo Meldenſi in viſitationibus faciendis & in corrigendis exceſſibus & cognitionibus cauſarum tam civilium quàm ſpiritualium ac criminalium quarum cognitio ad Epiſcopum diœceſanum tamquam ad judicem eccleſiaſticum dicitur pertinere, nec in deciſionibus earumdem, nec venire ad citationes ipſius, nec aſſignationes dierum accipere, nec mandata ejus obſervare, nec ei in aliquo obedire. Dicit populus Jotrenſis omnimodam juſtitiam eccleſiaſticam & forenſem in populo Jotrenſi pertinere ad Abbatiſſam Jotrenſem. Et ideo reſpondet per ſe idem quod clerus reſ-

[a] *Elles nient que l'Eveſque ait droit de viſite ; mais ſans lùy en conteſter la poſſeſſion, comme on va voir.*

[b] *Remarquez que les Religieuſes ne conteſtent à l'Eveſque la poſſeſſion que de ce qui regardoit la pénitence publique : tout le reſte dont il eſt parlé cy-deſſus n'eſt pas conteſté ; & par conſéquent il eſt clair que l'Eveſque eſtoit demeuré en poſſeſſion de la viſite : ce que la ſuite fera encore mieux paroiſtre.*

[c] *Les Religieuſes énoncent que toute la juriſdiction temporelle & ſpirituelle appartient à l'Abbeſſe : mais la fauſſeté de cét énoncé paroiſt dans la ſuite.*

pondet per se, & quòd in nullo tenetur obedire Meldensi Episcopo. Hæc omnia respondent Abbatissa & conventus, clerus & populus Jotrensis; salvis privilegiis Domini Papæ, & salvo jure Ecclesiæ Romanæ, & salvo jure addendi, minuendi, corrigendi, & mutandi. Cùmque super iis fuisset coram judicibus à Sede Apostolica delegatis diutiùs litigatum, tandem utraque pars tam super iis de quibus actum extiterat, quàm etiam super omnibus aliis quæ quoquo modo poterant ratione proprietatis vel possessionis ad jus episcopale lege diœcesana vel jure communi seu alio quocunque jure spectare, [a] commiserunt se judicio, diffinitioni, seu ordinationi nostris sub iis formis. OMNIBUS præsentes literas inspecturis [b] Petrus Dei gratia Meldensis Episcopus salutem in Domino. Noverit universitas vestra quòd cùm inter nos ex una parte, & Abbatissam & conventum, clerum & populum Jotrensem ex altera, super subjectione ipsius monasterii & eorumdem cleri & populi, tam ex petitorio judicio quàm possessorio quæstio verteretur, quod monasterium cum eisdem clero & populo nobis dicebamus pleno jure subjectum necnon & omni jure subjectionis ad nos & successores nostros tamquam loci diœcesanos lege diœcesana spectare, & posse in ipso monasterio, clero & populo Jotrensi libere procurationem recipere, visitationem, correctionem, & omnia jura episcopalia exercere, quod eædem Abbatissa & conventus negantes, ipsum monasterium, clerum & populum Jotrensem asserebant ad jus & proprietatem Ecclesiæ Romanæ nullo medio pertinere, super præmissis & omnibus aliis quæ possint ad jus episcopale spectare de consensu Decani & Archidiaconorum & Capituli nostri [c] commisimus nos judicio, diffinitioni, seu ordinationi venerabilis [patris] Romani sancti Angeli Diaconi Cardinalis Apostolicæ Sedis Legati, in ipsum tamquam in Legatum & judicem consentiendo, promittentes

[a] *Il paroist icy & dans la suite, qu'il ne juge que par compromis.*

[b] *C'estoit Pierre de Cuissi.*

[c] *L'Evesque se soumet volontairement au jugement du Legat. Les Religieuses parlent de mesme. D'où il s'ensuit, que le Cardinal n'agit pas comme Legat en vertu de la délegation du Pape, mais par compromis & par le consentement volontaire des parties: ce qui est décisif dans une cause où il s'agit d'un droit public.*

nos judicium, diffinitionem, seu ordinationem ipsius in perpetuum servare & nullo tempore contravenire : renuntiando omnibus judicibus, commissionibus, processibus, & actis quæ nobis competebant vel competere possent in causa ista. In cujus rei testimonium, ad majorem præmissorum omnium firmitatem, præsentes literas exinde confectas sigillo nostro duximus roborandas. Actum Meldis anno Domini MCC. vicesimo quinto, mense Octobri. OMNIBUS præsentes literas inspecturis Decanus, Briensis & Meldensis Archidiaconi, totumque Meldensis Ecclesiæ [Capitulum] salutem in Domino. Noverit universitas vestra nos literas venerabilis patris Petri Episcopi nostri sigillo sigillatas inspexisse, formam hujusmodi continentes. PETRUS Dei gratia Meldensis Episcopus, &c. *ut superiùs continentur*. Nos igitur præscriptarum literarum tenore diligenter inspecto, factum dicti Episcopi nostri in hac parte approbavimus & ratum habuimus, nostrum super præmissis omnibus impartientes assensum. In hujus itaque rei evidentiam sigilla nostra præsentibus duximus literis appendenda. Actum Meldis anno Domini MCC. vicesimo quinto, mense Octobri. OMNIBUS præsentes literas inspecturis Abbatissa & conventus, clerus & populus Jotrensis, salutem in Domino. Noverit universitas vestra quòd cùm inter nos ex una parte, & venerabilem patrem Petrum Episcopum Meldensem ex altera, super subjectione nostra tam petitorio judicio quam possessorio quæstio verteretur, cùm idem Episcopus assereret Jotrense Monasterium & nos pleno jure sibi subesse, necnon & omni jure successionis ad ipsum & successores ipsius tamquam loci diœcesanos lege diœcesana spectare, & posse in ipso monasterio & nobis libere procurationem recipere, visitationem, correctionem, & omnia jura episcopalia exercere, quod nos negantes, dictum monasterium Jotrense asserebamus ad jus & proprietatem Ecclesiæ Romanæ nullo medio pertinere, super præmissis & omnibus aliis quæ possent ad jus episcopale spectare, commisimus nos judicio, diffinitioni, seu ordinationi venerabilis patris Romani sancti Angeli Diaconi Cardinalis Apostolicæ Sedis Legati, in ipsum tamquam in Legatum & judicem consentiendo, promittentes nos judicium, diffinitionem, seu ordinationem ipsius in perpetuum servare & nullo tempore contravenire; renuntiando omnibus judicibus, commissionibus, processibus, & actis quæ nobis competebant vel competere possent in causa ista. In cujus rei testimonium, ad majorem præmissorum omnium firmitatem, presentes literas exinde confectas nos Abbatissa & conventus sigillis nostris duximus roborandas. Nos verò clerus & populus, quia sigillum proprium non habemus, eisdem sigillis Abbatissæ & conventus fidem volumus omnimodam adhiberi. Actum Meldis anno Domini MCCXXV. mense Octobri. Nos autem rationibus utriusque partis diligenter auditis, inspectis Jotrensis Monasterii [a] privilegiis, habito etiam super hoc cum viris prudentibus diligenti tractatu, pronuntiamus, diffinimus, & ordinamus quòd Abbatissa & conventus Monasterii Jotrensis [b] chrisma, oleum sanctum, [c] consecrationes altarium seu basilicarum, [d] benedictiones monialium, & [e] ordinationes clericorum qui ad ordines fuerint promovendi à dicto Meldensi Episcopo & successoribus suis suscipiant & non ab aliis, siquidem catholicus fuerit & gratiam atque communionem Apostolicæ Sedis habuerit, & ea gratis & sine difficultate voluerit exhibere. Alioquin liceat eis quemcunque voluerint catholicum adire Antistitem, qui eis licenter exhibeat postulata. Quando verò Episcopum Meldensem ab eisdem Abbatissa & conventu propter hæc exequenda contigerit evocari, dictus Episcopus exhibeatur honeste, cum nullus teneatur secundum Apostolum suis stipendiis

[a] *Le Cardinal, non plus que les Religieuses, n'énonce dans le Veû des pieces que les privileges : nouvelle preuve, qu'on n'a point produit de Lettres Patentes.*

[b] *Sous le chresme, la Confirmation qui appartient au caractére Pontifical, est reservée à l'Evesque aussibien que l'Ordination l'est dans la suite : mais les Religieuses n'ont jamais appellé l'Evesque pour donner ce Sacrement, & ont entrepris de le faire administrer par d'autres.*

[c] *Les Religieuses ont elles-mesmes produit des actes où il paroist que, loin d'appeller l'Evesque, elles ont fait entreprendre des benedictions & des consécrations de leur cloistre & de leur Eglise par d'autres Evesques.*

[d] *Il est inoüi qu'on ait parlé à l'Evesque de la réception des filles, loin de l'inviter à les benir.*

[e] *Quand les Evesques de Meaux ont fait les Ordres à Joüarre, on en a tiré un acte de non préjudice au mépris de l'Ordre Episcopal, & la piece en a esté leüe à l'Audience.*

militare. Ceterùm Abbatissa à quocunque maluerit Episcopo absque professione & promissione cujuslibet obedientiæ libere consecretur. In omnibus autem aliis dictum Monasterium Jotrense cum universo clero & populo villæ & parochiæ Jotrensis sibi subjectis pronuntiamus, diffinimus, & ordinamus ab omni jure & jurisdictione Episcopali & omnimoda subjectione Meldensis Ecclesiæ omnino [a] liberum & exemptum, ita quod in eisdem monasterio, clero & populo prædictis seu personis aliquibus monasterii, villæ & parochiæ Jotrensis dictus Episcopus, Ecclesia Meldensis, seu quæcunque alia Meldensis Ecclesiæ porsona nec procurationem eidem Episcopo aliquando à Sede Apostolica [b] adjudicatam, nec aliud quodcunque præter præmissa sibi valeat aliquatenus vendicare; salvis duobus modiis quos habet Episcopus in granchia [c] de Troci, quæ est Ecclesiæ Jotrensis, & cera Thesaurarii Meldensis. Sane ordinamus quòd dictæ Abbatissa & conventus decem & octo modios bladi decimalis ad mensuram Meldensem duas partes hibernagii, & tertiam partem avenæ, annuatim Episcopo memorato suisque successoribus in perpetuum persolvent apud [d] Malleum infra Purificationem beatæ Mariæ. Et si decima ejusdem villæ ad dicti bladi persolutionem non sufficeret, residuum infra dictum terminum apud Troci solvetur in decima quam ibi habet Ecclesia Jotrensis; ita quod si bladum hujusmodi aliquibus decimis Meldensis diœcesis Abbatissa & conventus Jotrensis justo modo poterint adipisci, Episcopus contractui suum impertiri teneatur assensum, & ipsum bladum taliter acquisitum accipiens, illo solo debeat esse contentus, ita quod tantundem sibi valeat quantum valebit in locis superius annotatis. In decimis sane

[a] *Le Cardinal n'accorde au Clergé & au peuple que la liberté & l'exemption; ce qui est bien éloigné de la jurisdiction active spirituelle que prétendoient les Religieuses cy-dessus. Le prétendu privilege presenté à Innocent III. ne contenoit rien davantage: mais l'Abbesse & les Religieuses ont usurpé la jurisdiction active qu'on ne leur a jamais donnée.*

[b] *Il est clair par ces paroles, que le droit de procuration & de visite qui comprend toute jurisdiction avoit esté adjugé à l'Evesque par le Pape, & qu'il en estoit en possession au temps de cette Sentence.*

[c] *On ne fera icy aucune remarque sur les droits temporels qui sont conservez à l'Evesque, parce que c'est une affaire à part.*

[d] *May, village du Diocese de Meaux.*

quæ sunt de feudo Episcopali non tenebitur suum præstare consensum, si ipse vellet eas redimere. In his enim ipse Episcopus præferetur. Hanc autem ordinationem [a] partes ratam habuerunt, & expresse consenserunt in ipsam. Nos vero volentes ipsius ordinationis notitiam ad posteros pervenire, ut futuris temporibus inviolabiliter observetur, præsentem paginam exinde confectam sigillo nostro duximus roborandam. Actum Meldis anno Domini MCCXXV. mense Novembri, Pontificatus Domini Honorii Papæ III. anno decimo.

Romanus miseratione divina sancti Angeli Diaconus Cardinalis, Apostolicæ Sedis Legatus, omnibus præsentes literas inspecturis salutem in Domino. Noverit universitas vestra quod nos inter venerabilem patrem Episcopum Meldensem & Abbatissam & conventum, clerum & populum Jotrensem, ordinationem quandam deliberatione provida fecimus, eamque in scriptis redactam & a partibus [b] approbatam nostri [c] sigilli duximus munimine roborandam. Verum antequam protulissemus eandem, retinuimus nobis expresse de auctoritate nostra & communi partium assensu liberam potestatem declarandi & interpretandi si quid in eadem ordinatione repertum fuerit dubium vel obscurum. Actum Parisiis anno Domini MCC. vicesimo quinto, II. Nonas Novembris.

[a] *Le Cardinal déclare qu'il a prononcé du consentement des parties.*

[b] *Nouvelle déclaration qu'il prononce du consentement des parties.*

[c] *On voit la Sentence bien soigneusement redigée, scellée, rapportée dans toute son integrité; rien n'y manque : on auroit rapporté de mesme l'homologation, s'il y en avoit.*

Faits résultans de cette piece.

1. QUe le Cardinal a autorisé un privilege non confirmé par le Roy, & sans ses Lettres Patentes.

2. Que, quoy-que Légat, il agit sans pouvoir du Pape, & qu'il n'a d'autorité que du consentement des parties dans une affaire de droit public.

3. Que la Sentence n'est point autorisée par la puissance publique, & n'oblige que ceux qui ont consenti, sans que l'obligation passe aux successeurs.

4. Que les Religieuses ayant éxigé d'un Evesque de

dures conditions, n'ont pas éxecuté le peu qu'elles luy avoient promis.

5. Que contre leur propre titre, soit qu'on le prenne dans cette Sentence, soit qu'on le prenne dans l'énoncé du chapitre *Ex parte*, elles ont usurpé sur le Pape mesme la jurisdiction active réservée à son Siege, & que personne ne leur avoit accordée.

6. Qu'on prive l'Evesque de la possession de la visite que le Pape luy avoit ajugée, quoy-que les Religieuses n'eussent jamais esté ni pû estre en possession de leur pretendu privilege, qui en le supposant veritable ne pouvoit avoir tout au plus que vingt ou vingt-cinq ans, comme il paroist par la piece VII.

7. Qu'on le dépoüille pareillement du droit de benir l'Abbesse où les Papes Innocent III. & Honoré III. l'avoient maintenu, pieces XIII. & XIV.

Moyens d'abus & de droit resultans de ces faits.

De ces faits, six moyens d'abus & de droit indubitables.

I. Moyen. Que le Cardinal a jugé sans que toutes les parties fussent appellées; puis qu'il ne paroist icy que l'Evesque & le Chapitre, au lieu qu'il falloit encore appeller le Métropolitain & le Primat, qui avoient pareil interest que l'Evesque à la Jurisdiction. En effet, il paroist par le Chapitre, *Cùm à nobis : De arbitris*, qui est de Grégoire XI. & beaucoup aprés cette Sentence, que le Métropolitain prétendoit encore ses droits, & que la difficulté fut terminée par une Sentence arbitrale, dont le contenu ne se trouve point dans ce chapitre, que les Religieuses ne rapportent pas, & dont on ne sçait rien du tout. Pour le Primat, il n'en a jamais esté parlé.

II. Moyen. Que le Privilege de Joüarre est destitué de Lettres Patentes; ce qui est essentiel par l'article 71. de nos libertez, que *nul Monastére, Eglise, College ou autre Corps Ecclesiastique ne peut estre exempt de son Ordinaire, pour se dire dépendre immédiatement du Saint Siege, sans licence & permission du Roy*. La maxime a esté constante dés l'origine de la Monarchie, comme il paroist par la 1. & 2. formule de

Marculphe, liv. 1. où la premiere est le formulaire du privilege de l'Evesque, & la seconde est le formulaire du consentement du Roy.

Il ne faut point dire qu'on doit présumer qu'il y a eû des Lettres Patentes par la regle *In antiquis, &c.* car 1. Il n'y a pas à présumer qu'il y en ait eû, puis qu'on voit qu'il n'y en a pas. 2. S'il estoit dit qu'il y en eust, on présumeroit tout au plus par cette regle qu'elles seroient en bonne forme, mais il faudroit donc qu'on en parlast; autrement il n'y a rien a présumer sur ce qui n'est pas. 3. Cette maxime n'a lieu que dans les choses favorables où l'on peut s'aider de présomptions, mais non pas dans les exemptions qui sont d'un droit étroit & odieux.

III. Moyen. Qu'une Sentence arbitrale de cette nature estoit sujette à homologation ou ratification du Supérieur; autrement ce n'est qu'un acte particulier destitué de toute autorité publique : par conséquent nul pour les successeurs dans une matiere où il s'agit d'un droit public comme celuy de l'Episcopat.

IV. Moyen. Que l'Abbaye de Joüarre ne peut s'aider de sa possession pour soutenir sa jurisdiction active, puisque c'est une possession de mauvaise foy contre son propre titre: c'est-à-dire, contre le pretendu privilege énoncé au chapitre *Ex parte*, & contre la Sentence arbitrale où l'on ne fait nulle mention de jurisdiction active; de sorte qu'il est constant que les Abbesses de Joüarre ont usurpé ce droit sur le Pape mesme qui se l'estoit réservé.

V. Moyen. Sentence non éxécutée par les Religieuses mesmes qui n'ont jamais appellé l'Evesque pour confirmer, pour benir & consacrer les Eglises, ni pour benir les Religieuses; & au contraire, ont entrepris de faire faire toutes ces fonctions par d'autres Evesques; ce qui montre encore que leur possession est une entreprise contre leur Titre.

VI. Moyen. Les Religieuses n'ont pas mesme éxécuté la Sentence au sujet de leur éxemption & dépendance immédiate. La dépendance immediate ne dit pas seulement, ne pas reconnoistre l'Evesque; mais encore, reconnoistre le Pape, & estre gouverné par son autorité. Or on ne montre dans tout ce procés aucun acte de jurisdiction éxercée par le Pape, ni par luy-mesme, ni par ses déleguez; de sorte que les Religieuses n'ont aucune possession, que celle de n'avoir eû aucun Superieur; qui est une possession vicieuse & réprouvée par les chapitres *Cùm non liceat*, & *Cùm ex officio : De præscript.*

VII. Moyen. Il résulte de tout cela, que le Monastere de Joûarre n'a dans le fond aucun privilege ni éxemption.

Le Privilege doit estre representé par les chapitres, *Repetimus* & *Porro : De Privilegiis.*

Quand un privilege se perd par quelque malheur, le Droit a pourveû au moyen de le rétablir, en produisant des témoins qui asseûrent de l'avoir veû de telle & telle teneur : *Talem dicti Privilegii fuisse tenorem. Ext. Cùm olim : de Privilegiis.* Il n'y a rien de tout cela dans ce procés: nulle plainte du privilege perdu; nulle preuve de ce qu'il contenoit; l'énoncé d'Innocent III. est de nul effet, comme on a veû; celuy du Cardinal Romain n'est pas meilleur ni de plus grand poids. Il est constant que l'Evesque estoit toûjours demeuré en possession du droit de visite, qui emporte l'entiere jurisdiction, & qu'il y estoit encore, lors que la Sentence fut prononcée. Il n'est pas moins certain que le droit de benir l'Abbesse, dont la Sentence le dépoüille n'avoit receû aucune atteinte jusqu'à l'an 1209. & 1220. comme il paroist par les Papes Innocent III. & Honoré III.

Ainsi deux choses estoient constantes: l'une, que le privilege estoit tout nouveau & ne pouvoit pas avoir plus de vingt-cinq ans; l'autre, que les Religieuses n'en avoient jamais joüi, & que l'Evesque estoit demeuré en pleine possession. Par conséquent dans le fond, il n'y avoit rien de plus caduc que ce privilege. La Sentence du Legat estoit si foible, que le Cardinal fut contraint d'en mettre le fort dans le consentement des parties, & qu'on n'osa mesme pas en demander la ratification au Pape ni à aucune puissance publique. On voit par toutes les pieces, que les Religieuses ne se soûtenoient que par la faveur des Legats. Premierement, par celle du Cardinal d'Ostie qui tascha de dépoüiller les Evesques du droit de benir l'Abbesse, par une entreprise contraire aux decrets d'Innocent III. & Honoré III. & secondement, du Cardinal Romain qui pouvoit tout en France, & qui faisoit son affaire propre de celle des éxemptions en général, & des Religieuses de Joüarre en particulier, comme il seroit aisé de le faire voir. L'Evesque fut obligé de ceder à une si grande autorité, & à la politique qui régnoit alors, où l'on ne songeoit qu'à étendre les éxemptions. De cette sorte le plus nouveau, le moins établi, & le plus foible de tous les privileges est devenu le plus outré qu'on vit jamais: mais aussi se détruit-il par son propre excés.

Voilà les moyens de Droit qui résultent des faits constans dans ce Procés contre le privilege de Joüarre. Quoy qu'ils soient certains dans les grandes régles, ce n'est pas le fort de la cause de M. l'Evesque de Meaux, & il a pour luy les Conciles Oécumeniques de Vienne & de Trente, ce dernier expressément receu en ce chef par l'Ordonnance de Blois; & l'un & l'autre dérogent en termes formels à tout ce qui a precedé contre le droit de l'Evesque.

Sur le Cartulaire de Meaux.

C'Est un livre constamment d'environ quatre cens ans, qui a esté originairement dans les Archives du Chapitre de Meaux; qui s'est égaré dans un procés; & qui aprés avoir passé par les plus curieuses Bibliotheques, a esté mis par les mains fidéles de M. d'Herouval, & de M. Joly Chantre de Nostre-Dame de Paris, dans la Bibliotheque de cette Eglise Métropolitaine de Meaux. Il a esté manié de tous les sçavans sans avoir receû aucune atteinte: tout le monde a puisé dedans, & l'Avocat mesme de Madame de Joüarre, a loüé les piéces imprimées par M. Baluze, que ce sçavant Auteur n'a puisées que de là. Il ne doit estre suspect à personne, puis qu'il contient également ce qui est pour, & ce qui est contre l'Evesque de Meaux, comme la Sentence arbitrale; & enfin il est consacré par la foy publique.

CHANGEMENT DE DISCIPLINE, ET MODERATION DES EXEMPTIONS PAR LES CONCILES DE VIENNE ET DE TRENTE.

Decret du Concile Oécumenique de Vienne dans la Clementine Attendentes : De statu Monachorum.

SAcro approbante Concilio duximus statuendum : ut singula monialium monasteria per ordinarios ; exemta videlicet, quæ ita sedi Apostolicæ quod nulli alii subjecta noscuntur, Apostolicâ ; non exemta vero, ordinariâ auctoritate ; exemta alia per alios quibus subsunt, annis singulis debeant visitari ... privilegiis, statutis, & consuetudinibus quibuslibet in contrarium minime valituris.

**Le mesme traduit en François.*

NOus avons trouvé bon d'ordonner avec l'approbation du Saint Concile, que les Monasteres des Religieuses, chacun en particulier, fussent visitez tous les ans par les Ordinaires ; à sçavoir, ceux qui sont éxempts & tellement soumis au Saint Siege, qu'ils ne reconnoissent d'autre Superieur, avec l'autorité Apostolique ; ceux qui ne sont pas éxempts, par l'autorité ordinaire ; & les autres éxempts, par ceux ausquels ils sont soumis... sans qu'aucuns privileges, statuts & coustumes à ce contraires puissent l'empescher.

Decret du Concile de Trente, Session xxv. De Reformatione, *chapitre ix.*

MOnasteria sanctimonialium, Sanctæ sedi Apostolicæ subjecta, etiam sub nomine Capitulorum Sancti Petri, vel Sancti Joannis, vel alias quomodocumque numcupentur, ab Episcopis tamquam dictæ Sedis delegatis gubernentur, non obstantibus quibuscumque. Quæ vero a deputatis in Capitulis generalibus vel ab aliis regularibus reguntur, sub eorum cura & custodia relinquantur.

Le mesme traduit en François.

QUe les Monasteres des Religieuses, soumis immediatement au Saint Siege, mesme au nom des Chapitres de Saint Pierre ou de Saint Jean, ou de quelque autre maniere que ce soit; soient gouvernez par les Evesques comme déléguez du mesme Saint Siege; nonobstant toutes choses à ce contraires. Quant à ceux qui sont régis par les députez des Chapitres géneraux ou autres réguliers, ils demeureront sujets à leurs soins & à leur conduite.

REMARQUES.

§. I.

ON voit icy trois sortes de Monastéres: les uns éxempts, qui sont soumis à des superieurs & à un gouvernement reglé, comme ceux qui dépendent de Cisteaux ou de quelque autre Congrégation: les autres éxempts, qui n'ont point de semblable gouvernement & ne sont point en congregation, comme le Monastere de Joûarre prétendoit estre: & enfin les autres non éxempts. Les premiers qui sont en congrégation & soumis à un gouvernement reglé, sont laissez en leur état: les autres éxempts ou non éxempts sont soumis à l'Ordinaire, auquel pour gouverner ceux qui sont supposez éxempts l'autorité du Pape est transmise, comme il paroist par les termes de ces Conciles.

On voit aussi par les decrets des mesmes Conciles qu'ils n'éxigent des Evesques aucune sommation ni diligence precedente pour rentrer dans le droit de visiter & gouverner ces Monasteres: mais qu'ils y rentrent pleinement, dés qu'ils trouvent ces Monasteres sans aucuns superieurs réglez: *Per Ordinarios . . . debeant visitari*, dit le Concile de Vienne: *Ab Episcopis . . . gubernentur*, dit celuy de Trente.

Par là il paroist encore que l'esprit de ces Conciles est que ces Monasteres soient soumis à un gouvernement & à des Superieurs reglez, tels que sont ou les Evesques ou les Superieurs d'une Congrégation canoniquement établie; tout le reste est contraire à l'esprit de ces Conciles & de l'Eglise.

On voit encore par tout cela que la discipline établie

par le Concile de Trente n'estoit pas nouvelle, puis qu'il ne fait que reprendre & exécuter ce qui avoit esté réglé dans le Concile de Vienne.

On voit enfin qu'on ne peut plus alléguer ni privilege ni possession, ni accord ou transaction, ni sentence pour soutenir ces privileges, puis que deux Conciles Oecumeniques ont prononcé, qu'on n'y auroit aucun égard: *Privilegiis, statutis, & consuetudinibus quibuslibet in contrarium minime valituris*, comme dit le Concile de Vienne; ou, comme dit celuy de Trente, *Nonobstantibus quibuscumque.*

Les motifs de ces decrets de Vienne & de Trente ont esté

1. Les desordres des Monasteres à qui leur pretenduë éxemption ne servoit qu'à les rendre indépendans de toute puissance Ecclesiastique, & à y établir l'impunité.

2. Les clameurs de toute la Chrétienté contre ces déreglemens.

3. La décharge de la conscience du Pape, qui ne pouvoit de si loin & parmi tant d'affaires, ni s'occuper du gouvernement de ces Monasteres, ni s'en reposer mieux que sur les Evesques qui en estoient chargez naturellement.

4. Pour éviter les procés sur les pretenduës éxemptions, les Conciles & les Papes n'y ayant pû trouver de meilleur remede que celuy de transmettre aux Evesques, entant que besoin seroit, l'autorité Apostolique, pour la joindre avec celle qui leur appartenoit par leur caractére.

§. II.

ON ne peut pas douter que ces decrets des Conciles de Vienne & de Trente ne soient approuvez & confirmez par les Papes.

Clement V. a prononcé luy-mesme dans le Concile de Vienne où il estoit en personne, la Clementine *Attendentes.*

Pie IV. a expressément confirmé le Concile de Trente par sa Bulle *Benedictus Deus.* Le mesme Pape a aussi nommément révoqué tous privileges émanez du Saint Siege, entant qu'ils seroient contraires aux decrets du mesme Concile, par sa Bulle *In Principis Apostolorum Sede.* Les autres Papes ont fait plusieurs decrets semblables.

§. III.

§. III.

AInsi on ne peut pas objecter que ces decrets du Concile ne sont pas receûs dans le Royaume. Car, 1. on n'a pas besoin d'acceptation particuliere des choses, où l'on ne fait que rentrer dans le droit commun.

2. Il suffiroit pour faire casser les privileges, entant que contraires au Concile de Trente, que le Pape eust approuvé ce Concile où ils ont esté révoquez, comme on a veû, *Nonobstantibus quibuscumque*.

3. Les Papes ont bien plus fait, puis qu'ils les ont révoquez eux-mesmes, comme on vient de dire.

4. Les choses de pure grace, & qui dérogent au droit commun, n'ont besoin pour estre éteintes que de la soustraction de la puissance qui les donne: ainsi la révocation a son effet dés qu'elle est faite, sans qu'il soit besoin du consentement ni de l'acceptation de personne.

5. Cette révocation est une espece d'abdication de la part du Pape de tous les droits que ces privileges pouvoient luy avoir aquis sur ces Monasteres; & en effet, dans le fait il n'y fait rien, & n'en prend aucun soin, parce qu'il s'en est déchargé sur la conscience des Evesques, qui dés-là en demeurent chargez.

6. Et néanmoins il est certain pour comble de droit, que ce decret du Concile est expressément accepté par l'Ordonnance de Blois, comme on va voir.

Article XXVII. de l'Ordonnance de Blois.

TOus Monasteres qui ne sont sous Chapitres généraux & qui se prétendent sujets immédiatement au Saint Siege Apostolique, seront tenus dans un an se réduire à quelque Congrégation de leur ordre en ce royaume: en laquelle seront dressez statuts, & commis visitateurs pour faire executer, garder & observer ce qui aura esté arresté pour la discipline reguliere; & en cas de refus ou delay, y sera pourveû par l'Evesque.

REMARQUES.

LEs parties ont prétendu que cette Ordonnance n'estoit que comminatoire, & qu'avant que de réduire les Monasteres qui se prétendent éxempts à leur obeissance, les Evesques estoient tenus à faire des diligences pour les obliger à se mettre en congrégation. On trouvera dans la suite un Mémoire exprés pour détruire cette prétention, & on dira seulement icy en abregé.

1. Que le dessein de l'Ordonnance est d'entrer dans l'esprit du Concile, qui, comme on a veû, n'a éxigé des Evesques aucune diligence; mais leur ordonne de gouverner les Monasteres mesme éxempts, dés qu'ils ne les trouvent pas soumis à un gouvernement reglé,

2. Les termes de l'Ordonnance, *il y sera pourveû par l'Evesque*, sont relatifs à ce qui estoit dit auparavant, *qu'il seroit dressé des statuts & commis des visiteurs* par les Congrégations ausquelles les Monasteres se seroient réduits : c'est-à-dire, que de plein droit l'Evesque feroit ces choses; ce qui revient à ce que dit le Concile, *que ces Monasteres seront gouvernez par les Evesques.*

3. L'esprit du Concile & de l'Ordonnance estoit d'en revenir le plus prés qu'il se pouvoit du droit commun, dont le changement avoit esté cause de tous les inconveniens qu'on avoit veû arriver.

4. Obliger les Evesques à faire des diligences pour réduire les Monasteres en Congrégations indépendantes, c'eust esté, loin d'établir leur autorité, comme on en avoit le dessein, leur faire faire des actes & des diligences contre eux-mesmes.

5. C'eust esté faire regarder comme une peine le retour à la jurisdiction ordinaire; qui au contraire estoit le bien qu'on leur vouloit procurer.

6. Aussi dit-on dans l'Ordonnance, que les Monasteres *seront tenus* de se mettre en congrégation; & non que les Evesques les y contraindront.

7. Les termes de l'Ordonnance, *en cas de refus ou delay*, font voir que l'intention est de remettre les Monasteres sous les Evesques, faute de se mettre en congrégation, non-seulement s'ils le refusent en estant requis; mais encore s'ils différent en quelque maniere que ce soit.

8. L'intention de l'Ordonnance, comme celle du Con-

elle, n'estoit pas d'obliger à des procedures qui tirent les affaires en longueur ; mais d'apporter un prompt remede à un mal pressant.

BREFS APOSTOLIQUES,

par lesquels les Sieurs Boust & Vinot, & ensuite M. l'Archevesque de Paris sont commis visiteurs du Monastere de Joüarre.

Bref adressé aux Sieurs Boust & Vinot Docteurs de Sorbonne.

INnocentius PP. XI. Ad futuram rei memoriam, prospero felicique Monasterii Monialium *de Joüarre*, [a] Sedi Apostolicæ, ut asseritur, immediate subjecti, Ordinis Sancti Benedicti, Meldensis diœcesis, regimini & gubernio quantum nobis ex alto conceditur, providere, & regularem disciplinam ubi benedicente Domino viget, firmius constabiliri, sicubi vero exciderit opportunis rationibus restitui, [b] piisque carissimi in Christo filii nostri Ludovici Francorum Regis Christianissimi votis in idipsum laudabiliter tendentibus favorabiliter annuere cupientes, ac de dilectorum filiorum Guidonis Boust Professoris in Collegio Sorbonæ, & Francisci Vinot ex Collegio Navarræ, Doctorum Facultatis Theologiæ Parisiensis, probitate, integritate, prudentiâ, doctrinâ, caritate & religionis zelo plurimum confisi, & eorum singulares personas à quibusvis excommunicationis, suspensionis & interdicti, aliisque ecclesiasticis sententiis, censuris & pœnis à jure vel ab homine quâvis occasione vel causâ latis, si quibus quomodolibet innodati existunt, ad effectum præsentium dumtaxat consequendum, harum serie absolventes & absolutos fore censentes, supplicationibus memorati Ludovici Regis nomine nobis super hoc humiliter porrectis paternâ benignitate inclinati : eos-

[a] *On n'énonce pas absolument que le Monastere soit exempt : mais qu'on dit qu'il l'est :* ut asseritur.

[b] *Ce n'est pas le Pape qui pourvoit d'office à la visite de ce Monastere : c'est le Roy, & non pas les Religieuses, qui demande des Visiteurs.*

dem Guidonem & Franciscum in visitatores Apostolicos supradicti Monasterii monialium *de Joüarre*, cum facultatibus necessariis & opportunis, ut Monasterium ipsum [a] tam in capite quam in membris, ad præscriptum Sacrorum Canonum & [b] Concilii Tridentini ac Apostolicarum & ordinis prædicti constitutionum, auctoritate nostrâ Apostolicâ visitent, corrigant, atque reforment, eâdem auctoritate tenore Præsentium constituimus & deputamus. Decernentes easdem præsentes literas firmas, validas & efficaces existere & fore, suosque plenarios & integros effectus sortiri & obtinere, ac illis ad quos & quas spectat & spectabit in futurum plenissime suffragari, & ab eis respective inviolabiliter observari, sicque in præmissis per quoscumque judices ordinarios & delegatos, etiam causarum palatii apostolici Auditores, judicari & deffiniri debere, ac irritum & inane, si secus super his à quoquam, quâvis auctoritate, scienter vel ignoranter contigerit attentari; [c] nonobstantibus constitutionibus & ordinationibus Apostolicis, ac quatenus opus sit Monasterii & ordinis prædictorum etiam juramento, confirmatione Apostolicâ, vel quavis firmitate aliâ roboratis, statutis & consuetudinibus, & privilegiis quoque, literis & indultis, & literis Apostolicis, aut contrariis præmissorum quomodo libet concessis, confirmatis & innovatis, quibus omnibus & singulis illarum tenore, præsentibus pro plene & sufficienter expressis, & ad verbum insertis habentes, illis alias in suo robore permansuris ad præmissarum effectum, hac vice dumtaxat, specialiter & expresse derogamus, cæterisque contrariis quibuscumque. Datum Romæ apud S. Mariam Majorem sub Annulo Piscatoris die XXIII. Octobris M. D. C. LXXIX. Pontificatus nostri anno quarto. *Et infra*, F. LUCIUS.

[a] *Le Monastere devoit estre réformé dans le chef & dans les membres.*
[b] *Le Pape, loin de déroger au Concile de Trente, en ordonne l'execution.*
[c] *Notez encore que le Pape ne déroge pas au Concile de Trente.*

Bref adressé à M. l'Archevesque de Paris.

INnocentius P P. XI. venerabili fratri Archiepiscopo Parisiensi salutem & apostolicam benedictionem. Laudabilia Fraternitatis tuæ in Ecclesiam dei studia cum singulari prudentia, caritate, pastorali vigilantiâ, dexteritate & religionis zelo, ac in nos & hanc Sanctam Sedem fide & devotione conjuncta nos adducunt, ut ea quæ nobis maxime cordi sunt, tibi libenter committamus, firma spe & fiducia in Domino freti, te expectationi & desiderio de te nostris cumulate responsurum. Cum itaque sicut [a] carissimi in Christo filii Ludovici Francorum Regis Christianissimi nomine nobis nuper expositum fuit, in Monasterio Monialium *de Joüarre* Sedi Apostolicæ, ut asseritur, immediate subjecto, Ordinis Sancti Benedicti, Meldensis diœcesis, [b] aliquid inordinatum reperiatur, quod idem Ludovicus Rex operâ tuâ [c] ad rectam monasticæ disciplinæ normam revocari plurimum desiderat: Nos ipsius Ludovici Regis piis votis hac in re, quantum cum Domino possumus, favorabiliter annuere, ac regularem in dicto Monasterio observantiam, ubi benedicente domino viget, firmius constabiliri, sicubi vero exciderit, opportunis rationibus restitui cupientes; supplicationibus memorati Ludovici Regis nomine nobis super hoc humiliter porrectis benigne inclinati, ac deputationem duorum visitatorum ejusdem Monasterii, a nobis per quasdam nostras in simili formâ breves literas die XXIII. Octobris proxime præteriti expeditas, quarum tenorem præsentibus haberi volumus pro expresso factum, harum serie [d] revocantes, te supradicti Monasterii monialium *de Joüarre*, Superiorem & Visitatorem Apostolicum cum facultate Monasterium ipsum per te ipsum vel [e] alium, seu alios viros idoneos, vitæ probitate, morum gravitate, prudentiâ, caritate & religionis zelo, aliisque ad id requisitis qualitatibus præditos à te deputandos, tam [f] in capite quam in membris, ad præscriptum Sacrorum Canonum & [g] Concilii Tridentini decretorum ac Apostolicarum & Ordinis prædicti constitutionum, auctoritate nostrâ Apostolicâ visitandi, corrigendi, atque reformandi, ac cum aliis facultatibus ne-

[a] *Le Bref demandé au nom du Roy.*

[b] *Il y avoit quelque desordre au Monastere de Joüarre dont le Roy desiroit la réformation.*

[c] *Ce desordre regardoit le spirituel, & la regle de la discipline monastique.*

[d] *Le Pape révoque le Bref cy-dessus où les Sieurs Boust & Vinot estoient commis Visiteurs.*

[e] *Le Pape donne pouvoir à M. l'Archevesque de Paris de subdeleguer.*

[f] *On exprime que le Monastere de Joüarre avoit besoin de réforme, tant dans le chef que dans les membres.*

[g] *Le Pape ordonne l'execution du Concile de Trente.*

ceſſariis & opportunis eadem auctoritate tenore præſentium conſtituimus & deputamus. Decernentes eaſdem præſentes literas firmas, validas & efficaces exiſtere & fore, ſuoſque plenarios & integros effectus ſortiri & obtinere, ac tibi & aliis ad quos & quas ſpectat & ſpectabit, in futurum pleniſſime ſuffragari, & ab eis reſpective inviolabiliter obſervari; ſicque in præmiſſis per quoſcumque judices ordinarios & delegatos etiam cauſarum palatii Apoſtolici auditores, judicari & deffiniri debere, ac irritum & inane, ſi ſecus ſuper his a quoquam quâvis auctoritate ſcienter vel ignoranter contigerit attentari; [a] nonobſtantibus præmiſſis conſtitutionibus & ordinationibus Apoſtolicis, nec non quatenus opus ſit, Monaſterii & ordinis prædictorum etiam juramento, confirmatione Apoſtolicâ, vel quâvis firmitate aliâ roboratis, ſtatutis & conſuetudinibus, privilegiis quoque, indultis & literis Apoſtolicis in contrarium præmiſſorum quomodolibet conceſſis, confirmatis & innovatis: quibus omnibus & ſingulis illarum tenore præſentibus pro plene & ſufficienter expreſſis & inſertis habentes, illis alias in ſuo robore permanſuris ad præmiſſorum effectum, hac vice dumtaxat, ſpecialiter & expreſſe derogamus, cæteriſque contrariis quibuſcumque. Datum Romæ apud Sanctum Petrum ſub Annulo Piſcatoris die VII. Februarii M. D. C. LXXX. Pontificatus noſtri anno quarto. *Et infra*, Signatum, J. F. Lucius. *Et au dos eſt écrit*, Venerabili Fratri Franciſco Archiepiſcopo Pariſienſi.

[a] *Le Pape ne déroge pas au Concile de Trente.*

ARREST DU CONSEIL D'ETAT SUR LE DERNIER BREF.

Extrait des Regiſtres du Conſeil d'Etat.

VEû par le Roy eſtant en ſon Conſeil le Bref de noſtre Saint Pere le Pape du ſeptiéme Février dernier, par lequel ſa Sainteté a commis le Sieur Archeveſque de Paris pour viſiter & reformer le Monaſtere des Religieuſes de Joûarre, Ordre de Saint Benoiſt au dioceſe de Meaux, avec pouvoir de ſubdéleguer un ou pluſieurs commiſſaires; Et voulant qu'il ait ſon effet, Sa Majesté eſtant en ſon Conſeil a ordonné & ordonne que ledit Bref ſera éxecuté. Ce faiſant, que par ledit Sieur Archeveſque de Paris ou ſes ſubdéléguez, il ſera inceſſamment procedé à la viſite & reforme dudit Monaſtere des Religieuſes de Joûarre, & les Ordonnances & Reglemens qui ſeront faits par ledit Sieur Archeveſque ou ſes ſubdeléguez pour raiſon de ce, éxecutez nonobſtant oppoſitions ou appellations, & ſans préjudice d'icelles. FAIT au Conſeil d'Etat du Roy, Sa Majeſté y eſtant, tenu à Saint Germain en Laye le vingt-ſeptiéme jour d'Avril mil ſix cens quatre-vingts. Ainſi ſigné, COLBERT. Et ſcellé.

REMARQUES.

ON a fait dans le Memoire ſuivant des remarques particulieres ſur ces Brefs & ſur l'Arreſt. On obſervera ſeulement icy

1. Qu'il y avoit à Joûarre du deſordre dans le ſpirituel, aſſez grand pour venir aux oreilles du Roy, & pour eſtre porté par le Roy à celles du Pape; & il paroiſt que ce Monaſtere avoit beſoin de réforme dans le chef & dans les membres.

2. Le Roy avoit fait viſiter le Monaſtere par M. de Saïllant Preſtre de l'Oratoire, à preſent Eveſque de Poitiers; & ainſi Sa Majeſté eſtoit bien informée du mal de ce Monaſtere qu'elle ſe crut obligée d'expoſer au Pape.

3. Les Religieuſes proteſterent contre le Bref adreſſé aux ſieurs Bouſt & Vinot, lors qu'ils firent leur viſite à l'Abbaye de Joûarre; à ce que, dirent-elles, l'éxecution dudit Bref ne puſt nuire ni préjudicier à leurs immunitez & éxemptions, comme relevantes & dépendantes immédiatement de Sa Sainteté: ce qui paroiſt par l'acte de proteſtation paſſé pardevant Royer Notaire Apoſtolique à Meaux, en date du 27. Juin 1679. lequel eſt ſigné de celles qui ſont aujourd'huy les premieres de l'Abbaye.

4. Les Sieurs Bouſt & Vinot ayant fait une ſeconde viſite, Sa Majeſté confirmée dans la connoiſſance qu'elle avoit des beſoins de ce Monaſtere, les expoſe de nouveau au Pape, & demande pour viſiteur M. l'Archeveſque de Paris.

5. Ce Prelat ne voulut point ſe charger de cette commiſſion: ni il n'a accepté le Bref, ni il ne l'a intimé au

Monaſtere de Joûarre, ni il n'a ſubdélegué comme il en avoit le pouvoir, ni il n'a fait aucune viſite ni aucun acte juridique en vertu de ce Bref. On a leû à l'Audience quelques lettres de compliment du meſme Prelat, qui ont bien fait voir qu'il ne ſongeoit à aucune fonction; de ſorte que ce Bref eſt demeuré entiérement ſans execution.

6. Dix ans aprés le Bref obtenu, l'Abbeſſe & les Religieuſes envers qui il n'a jamais eû d'execution, s'aviſent de vouloir s'en ſervir, & cela lors que l'Eveſque fait ſa charge: de ſorte que tout l'effet de ce Bref eſt de laiſſer les Religieuſes dans l'indépendance ſi l'Eveſque ne diſoit mot, & de l'empeſcher lors qu'il feroit ſon devoir.

7. Ce Bref eſt ſi peu connu des Abbeſſe & Religieuſes & ſi peu en leur pouvoir, que lors qu'elles ont voulu s'en ſervir dans le procés, elles ont eſté obligées de le tirer par un compulſoire des Regiſtres du Secretariat de l'Archeveſché de Paris.

8. Ce n'eſtoit donc point un Bref qui euſt eû la moindre execution, puiſqu'en ce cas le premier pas qu'il euſt fallu faire, euſt eſté de l'intimer aux Religieuſes. M. l'Archeveſque de Paris ne ſongeoit pas plus à s'en ſervir, puis qu'on le tire de luy par un compulſoire, & qu'il n'agit pas pour le faire valoir, n'ayant en aucune ſorte paru dans la cauſe, & n'ayant fait aucune action pour revendiquer la juriſdiction.

9. Selon toutes les maximes du Droit, ce Bref eſt ſuranné, & entierement devenu caduque par la mort du Pape déléguant avant toute execution.

10. L'Arreſt du Conſeil n'a non plus eſté executé, ni meſme ſignifié.

11. Ces Brefs ne dérogent pas aux decrets des Conciles de Vienne & de Trente, qui par conſéquent demeurent en leur entier.

12. Si l'Eveſque euſt fait ſon devoir, le Roy n'auroit pas ſongé à impétrer un tel Bref contre l'eſprit des Conciles & de l'Ordonnance, qui veulent que les Monaſteres ayent un gouvernement reglé.

Fin des Pieces,

MEMOIRE

POUR MESSIRE JACQUES BENIGNE BOSSUET EVESQUE DE MEAUX.

Contre Dame HENRIETTE DE LORRAINE Abbesse de Joüarre.

SUR L'ARTICLE XXVII. DE L'ORDONNANCE DE BLOIS, & sur le Bref de M. l'Archevesque de Paris.

Article XXVII. de l'Ordonnance de Blois.

Tous Monasteres qui ne sont sous Chapitres Generaux, & qui se pretendent sujets immediatement au Saint Siege Apostolique, seront tenus dans un an, se reduire à quelque Congregation de leur Ordre en ce Royaume : en laquelle seront dressez Statuts, & commis Visitateurs, pour faire executer, garder, & observer ce qui aura esté arresté pour la discipline reguliere; & en cas de REFUS OU DELAY, y sera pourveû par l'Evesque.

MADAME l'Abbesse de Joüarre prétend que M. l'Evesque de Meaux ne peut se prévaloir contre elle de cette Ordonnance, parce qu'il ne l'a point sommée de s'aggreger.

Il répond que la sommation seroit nécessaire pour la constituer en demeure, si l'Ordonnance n'avoit point declaré ce qui se doit faire, au cas que les Monasteres negligent de se réduire en congregation dans un an; mais elle a dit, *Et en cas de refus ou delay, y sera pourveû par l'Evesque.* S'il se presente donc un Monastere, qui ait differé plus d'un an à s'aggreger, l'Ordonnance ne porte pas qu'il sera sommé de le faire : elle veut en ce cas, que l'Evesque y pourvoye. Dans le commencement de l'Article, elle oblige les Monasteres à faire diligence de s'aggreger dans un an; l'obligation leur en est imposée par ces mots, *seront tenus :* ce n'est pas l'Evesque qui est chargé de poursuivre leur aggregation; ce sont les Monasteres ausquels il est enjoint d'y proceder.

Madame l'Abbesse de Joüarre n'allegue point de causes canoniques, pour excuser son Monastere de ce qu'il n'y a point satisfait. Les Abbesses qui l'ont precedée avoient bonne connoissance de l'Ordonnance de Blois, qui avoit esté publiée dans tous les Baillages du Royaume dés l'an 1580. Cette loy les a interpellées de jour à autre de s'unir à quelque Congrégation de leur Ordre; cependant elles ont negligé de le faire pendant plus de cent ans; & aprés ce long temps, lors que M. l'Evesque de Meaux se presente pour éxercer sa charge, Madame l'Abbesse de Joüarre soutient qu'elle n'est point en demeure de s'aggreger, sous pretexte que les predecesseurs de M. l'Evesque de Meaux ne l'en ont point sommée. Ils n'y estoient point obligez; le terme d'un an limité aux Monasteres pour se reduire en congregation, est purement & simplement une grace à l'égard des Monasteres de Religieuses, parce que le Concile de Trente ne le leur a point accordé. Il a distingué les Monasteres d'hommes, de ceux des filles: ceux-là ont eû un an pour s'aggreger, *Sess. 25. de Regularibus, cap. 8.* & ceux-cy n'ont eû aucun temps; le Concile en a remis tout le gouvernement aux Evesques comme deleguez du Saint Siege. En voicy le decret.

Concilii Tridentini, Sessione XXV. de Regularibus, Caput IX.

Monasteria Sanctimonialium sanctæ Sedi Apostolicæ immediate subjecta, etiam sub nomine Capitulorum sancti Petri vel sancti Joannis, vel alias quomodocumque nuncupentur, ab Episcopis, tamquam dictæ Sedis delegatis GUBERNENTUR, nonobstantibus quibuscumque. Quæ vero à deputatis in Capitulis generalibus, vel ab aliis Regularibus reguntur, sub eorum cura & custodia relinquantur.

S'IL est porté dans le Chapitre 8. qu'en cas de negligence de la part des Monasteres, de s'aggreger, le Metropolitain convoquera ceux de sa province pour en former une congregation, Madame l'Abbesse de Joüarre n'en sçauroit tirer avantage, pour deux raisons : l'une, que cette convocation par le Metropolitain n'a point esté acceptée par l'Ordonnance, ni receuë dans nostre usage ; & l'autre, qu'elle ne regarde que les Monasteres d'hommes ; parce que ceux des Religieuses obligées à garder la closture, ne peuvent estre convoquez, & que le Concile regle dans le chapitre neuviéme cy-dessus, qu'ils seront gouvernez par les Evesques.

Il n'y a donc aucun moyen pour établir qu'il fust necessaire de sommer l'Abbaye de Joüarre de s'aggreger : elle en a esté suffisamment interpellée par l'Ordonnance. L'exception de cette sommation est d'autant moins recevable, que les choses ne sont plus entieres lors que Madame l'Abbesse de Joüarre la propose : il y a une procedure commencée contre elle ; l'Evesque est rentré dans l'exercice de sa jurisdiction.

L'Arrest rendu le 10. Janvier 1679. au profit de M. l'Evesque de Luçon contre l'Abbaye de la Grenetiere, a nettement jugé qu'il n'estoit pas besoin de sommation pour soumettre les Monasteres qui se prétendoient exempts, à la visite du Diocesain. Les Religieux, Prieur & Convent de la Grenetiere, se pretendant éxempts de l'Ordinaire, avoient refusé de recevoir M. l'Evesque de Luçon pour visiter leur Monastere : l'Official de Luçon avoit decreté un ajournement personnel contre le Prieur claustral & le Sacriste. Ils en appellerent comme d'abus ; & pendant l'appel, obtinrent du Visiteur General de la Congregation des Benedictins éxempts de France, un decret par lequel leur Communauté estoit unie à sa Congregation. M. l'Evesque de Luçon estoit appellant comme d'abus de ce decret. Sur ces appellations comme d'abus respectives, l'Arrest prononce qu'*il n'y a abus dans la procedure faite contre les Religieux ; & sur l'appel comme d'abus de l'Evesque, qu'il a esté mal, nullement & abusivement procedé. Ce faisant, enjoint aux Religieux de subir la jurisdiction & visite de l'Evesque de Luçon, & les condamne aux dépens.*

Ces sommations ne furent point aussi jugées necessaires lors de l'Arrest du 6. Mars 1653. pour l'Abbaye de la Regle. Il declare l'Abbesse & Religieuses sujettes à la visite & à toute autre jurisdiction & superiorité appartenant à l'Evesque de Limoges, sans avoir égard à l'intervention du Syndic de l'Ordre de Cluny, auquel elles s'estoient aggregées pendant le procés.

Un autre Arrest donné le 3. Aoust 1679. a maintenu M. l'Evesque d'Autun au droit de la jurisdiction Episcopale sur le Monastere, Abbesse & Religieuses de Saint Andoche.

Madame l'Abbesse de Joüarre n'est pas mieux fondée à soutenir que, quand il est dit dans l'Ordonnance, qu'en cas que les Monasteres refusent ou different de s'aggreger dans l'an, *il y sera pourveû par l'Evesque ;* ces termes, dit-elle, *il y sera pourveû par l'Evesque*, ne signifient point que les Monasteres retourneront sous la jurisdiction de l'Evesque ; ils expriment seulement, que l'Evesque pourra les contraindre par son autorité, de s'unir à une Congrégation pour se réformer. Cette explication ne s'accorde, ni avec le pouvoir de l'Evesque, ni avec les paroles & le sens de l'Ordonnance : elle ne s'accorde pas avec le pouvoir de l'Evesque, d'autant que les Monasteres ayant laissé passer le temps qui leur est prescrit par l'Ordonnance pour s'aggreger, il n'est plus en la puissance de l'Evesque de les y contraindre : la raison est qu'ils ne peuvent faire l'aggregation, sans avoir préalablement obtenu des Lettres Patentes pour estre relevez du laps de temps porté par l'Ordonnance, ils ne peuvent plus estre aggregez sans avoir préalablement obtenu d'autres Lettres qui leur permettent de s'unir à une Congrégation, nonobstant la Déclaration du mois de Juin 1671. registrée en Parlement, qui défend à tous les Parlemens de souffrir aucune union nouvelle de Monasteres à ces Congrégations réformées sans une permission préalable du Roy : or il n'est point encore au pouvoir de l'Evesque de donner cette permission ; & ainsi ce n'a point esté l'intention de l'Ordonnance de le charger de procedures qui ne dépendoient aucunement de luy.

Si l'on reflechit sur les paroles & sur le sens de l'Ordonnance, on verra qu'elle a voulu que les Monasteres qui auroient négligé durant un an de s'aggreger, fussent remis sous la jurisdiction de l'Evesque. Car pourquoy est-ce qu'elle leur a enjoint de se réduire à une Congregation de l'Ordre ? Elle déclare dans la seconde partie de l'Article, que c'est afin *qu'il soit dressé des Statuts dans la Congregation, & qu'il y soit commis des Visitateurs, pour faire exécuter ce qui aura esté arresté pour la discipline réguliere ;* & prévoyant (dans la derniere partie de l'Article) qu'il y auroit beaucoup de Monasteres qui ne voudroient souffrir ni Statuts nouveaux de discipline réguliere, ni Visitateurs qui les fissent observer ; elle a ajousté qu'*en cas de refus ou delay, il y sera pourveû par l'Evesque :* c'est-à-dire, que l'Evesque pourvoira à la réformation du Monastere, comme la Congregation auroit pû faire s'il s'y estoit uni. Il pourvoira à la discipline réguliere en la mesme forme que les Visitateurs de la Congregation auroient fait.

C'est ainsi que les Conciles dont l'Ordonnance est tirée, la doivent faire expliquer : c'est ce que disent les autres Ordonnances qui l'ont précedée ou suivie ; & c'est ce que les Arrests ont jugé. Le decret du Concile de Trente cy-dessus imprimé, porte que les Monasteres de Religieuses, soumis immediatement au Saint Siége, SOIENT GOUVERNEZ PAR LES EVESQUES, *ab Episcopis gubernentur:* & de prétendre qu'il n'est point receû pour ce regard dans le Royaume, c'est ce qui ne se peut soutenir. Cét article ne blesse point les Libertez de l'Eglise Gallicane: il ne fait que renouveller le decret du Concile géneral de Vienne célebré dans le Royaume à la poursuite de l'un de nos Rois. La décision de ce Concile rapportée dans la Clementine: *Attendentes: De statu Monachorum*, est conceûë en ces termes: *Sacro approbante Concilio, duximus statuendum, ut singula Monialium Monasteria per Ordinarios: exempta videlicet, quæ ita Sedi Apostolicæ quod nulli alii subjecta noscuntur, Apostolicâ; non exempta vero, ordinariâ auctoritate; exempta alia per alios quibus subsunt, annis singulis debeant visitari: privilegiis, statutis, consuetudinibus in contrarium minime valituris.* Ces derniers Monasteres sont ceux qui sont gouvernez par Chapitres géneraux en Congregation.

Voilà les Réglemens faits par les deux Conciles, dont l'Ordonnance de Blois est tirée. Si l'on oppose qu'ils ne donnent pouvoir aux Evesques de visiter les Monasteres de Religieuses, qu'en qualité de déleguez du Saint Siége: on répond que cette délegation n'est point en usage dans le Royaume. Les Evesques ne sont pas de simples Vicaires du Saint Siége: ils sont fondez dans une autorité ordinaire; & les Arrests ont jugé qu'ils ne pouvoient en ce cas, & autres semblables, proceder comme déleguez du Saint Siége, sans commettre abus; parce que ce seroit renverser les degrez de la Jurisdiction Ecclésiastique établis par le Concordat.

L'Ordonnance d'Orleans sert aussi pour interpreter celle de Blois. Elle veut en l'article onziéme que tous Abbez & Abbesses, non estant chefs d'Ordre, soient sujets à l'Archevesque ou Evesque Diocesain, sans qu'ils puissent s'aider d'aucun privilege d'exemption.

On convient que l'Ordonnance de 1629. n'est pas receûë dans l'usage pour avoir force de loy: mais comme elle a esté composée sur les Mémoires des Etats de 1614. & sur ceux de l'Assemblée des Notables de 1625. & qu'elle a esté déliberée dans le Conseil du Roy, les Réglemens qu'elle contient sont de grande autorité. Le Roy y enjoint par l'article quatriéme, à tous Prélats, tant Réguliers que Séculiers, de proceder dans six mois à la réformation des Abbayes, Prieurez & autres Maisons de leurs Dioceses, tant de Religieux que de Religieuses, non estant en Congregation réformée, y faire garder la Régle Monastique & closture, conformément à l'Ordonnance de Blois, nonobstant toutes réserves au Saint Siége.

L'Assemblée generale du Clergé tenuë en 1645. fit un Réglement de discipline, par lequel éxecutant les Conciles & les Ordonnances, elle arresta en l'article 25. que tous Monasteres immédiatement soumis au Saint Siége qui ne se seroient pas réduits en Congregation réformée dans le delay porté par le Concile de Trente, & par l'Ordonnance de Blois, demeureroient sujets à la jurisdiction de l'Evesque Diocesain.

Enfin les Arrests rendus pour les Abbayes de la Grenetiere, de la Régle, & de Saint Andoche, cy-dessus alleguez, ont jugé que les Religieux & les Religieuses qui ne s'estoient point mis en Congregation, devoient subir la jurisdiction & visite de leur Evesque. De sorte que toutes les loix Civiles & Ecclésiastiques concourent pour faire voir, que quand l'Ordonnance de Blois a voulu qu'en cas de refus ou delay par les Monasteres de s'aggreger, il y fust pourveû par l'Evesque, son intention a esté que les Monasteres retournassent sous la Jurisdiction des Evesques.

Madame l'Abbesse de Jouarre insiste que les Evesques de Meaux ne se sont point présentez pour visiter son Monastere depuis l'Ordonnance de Blois; & ainsi, que le pouvoir en est dévolu par leur négligence au Métropolitain; du Métropolitain au Primat, & du Primat au Pape: lequel s'estant trouvé resaisi de la Jurisdiction, a pû députer par un Bref M. l'Archevesque de Paris pour Visiteur de son Abbaye.

M. l'Evesque de Meaux répond, que l'Ordonnance n'a point préfini de temps dans lequel les Evesques fussent tenus de visiter les Monasteres qui ne se seroient point aggregez. Elle a bien enjoint aux Monasteres de se réduire en Congrégation dans un an ; mais elle n'a pas déclaré qu'en cas de refus ou delay, les Evesques fussent tenus d'y pourvoir dans l'année suivante : elle a seulement statué qu'ils y pourvoiroient, sans leur imposer la nécessité de le faire dans un certain temps. C'est une circonstance qui montre que ce n'est point un cas sujet à dévolution ; parce que la dévolution n'a lieu de l'inferieur au superieur pour cause de négligence, que dans les cas où l'inferieur est obligé par la loy de faire un acte dans un certain temps : comme en matiere de Collations, l'Evesque est tenu de pourvoir dans les six mois de la vacance, sinon le droit en est dévolu au Métropolitain. Les Electeurs doivent élire à une dignité dans les trois mois de la vacance, sinon leur pouvoir est dévolu au superieur, auquel la confirmation de l'élection appartient : & de vouloir établir cette dévolution, ce seroit remettre les Monasteres sous la superiorité immediate du Pape qui y a renoncé dans les Conciles de Vienne & de Trente ; ce seroit faire chose directement contraire à l'Ordonnance, qui a voulu que les Monasteres eussent un superieur dans le Royaume.

Bref d'Innocent XI. à M. l'Archevesque de Paris.

POur le Bref par lequel le Pape a député M. l'Archevesque de Paris Visiteur & Réformateur de l'Abbaye de Jouarre ; il est important d'observer que le Roy avant de le solliciter, envoya visiter la Communauté de Jouarre par un Prestre de l'Oratoire à présent Evesque. Madame l'Abbesse de Jouarre ne rapporte point son procés verbal, pour faire voir la régularité qu'elle observoit, & faisoit observer dans sa maison. Le Roy en ayant esté informé, donna ordre à son Ambassadeur à Rome d'obtenir un premier Bref, par lequel les Sieurs Boust & Vinot, Docteurs en Théologie, furent deputez Visiteurs Apostoliques de l'Abbaye de Jouarre. Ils y firent leur visite en vertu de ce Bref ; mais ce second procés verbal ne paroist point encore.

L'idée qu'on en peut concevoir est, que l'autorité de ces Docteurs ne fut pas jugée suffisante pour faire ce qui concernoit

cernoit au bien de l'Abbaye: c'est ce qui obligea le Roy d'obtenir le sixiéme Février 1680. un second Bref qui revoqua le premier & députa M. l'Archevesque de Paris Commissaire Apostolique pour visiter & réformer cette Abbaye.

Le second Bref expedié sur la requisition du Roy est fondé: *Cum aliquid reperiatur inordinatum in dicto Monasterio:* & dans la suite sont ces termes qui expliquent cet *inordinatum: Quod idem Ludovicus Rex ad rectam disciplinæ Monasticæ normam revocari plurimum desiderat.*

Les moyens pour montrer que ce Bref ne sert de rien pour la décision de la cause sont: *Primò*, qu'il n'a esté accordé qu'au Roy seul. Il n'a point esté concedé à Madame l'Abbesse de Joüarre ni aux Religieuses de son Monastere. Elle n'est point saisie de l'original: & comme ce n'est pas une piece qui luy appartienne, elle n'en a qu'une copie compulsée, dans son sac; de sorte que quand elle l'allegue, c'est l'éxception d'un tiers dont elle se défend: il n'y a que M. le Procureur Général qui le peut opposer à M. l'Evesque de Meaux.

Secundò. M. l'Archevesque de Paris n'a point jugé à propos d'éxécuter ce Bref depuis dix ans qu'il est expedié. Il n'y a point de procés verbal par lequel il en ait accepté l'éxécution; il n'a point subdelegué suivant la faculté qu'il en avoit; il n'a point envoyé de Mandement de visite à l'Abbaye de Joüarre; il n'est point intervenant en la cause pour le soutenir. On dit seulement qu'il a écrit des lettres à Madame l'Abbesse de Joüarre pour luy permettre de sortir. Ces lettres qui n'ont point esté communiquées ni reconnuës, ont esté leüës dans la replique; mais ce sont plûtost des complimens & des honnestetez que des permissions de sortir données à une Religieuse. M. l'Archevesque de Paris n'y prend point la qualité de Commissaire Apostolique; & ce n'est point par des lettres que l'éxécution d'un Bref s'accepte: il faut un acte juridique.

Tertiò. Si un Arrest du Conseil d'Etat en a permis l'éxécution: il n'a pas esté rendu sur la Requeste de Madame l'Abbesse de Joüarre pour qu'elle puisse s'en servir: c'est un

Arrest donné sans réquisition d'aucune partie, & sans que M. l'Evesque de Meaux ait esté oüi: le Roy n'y a point fait défenses à tous Juges de connoistre des contestations qui naistroient sur l'éxécution de ce Bref: il n'en a point reservé la connoissance à sa Personne; & ainsi la Cour a la liberté entiere d'y prononcer.

Quartò. Ce Bref n'a esté accordé que sur le fondement que l'Abbaye de Joüarre estoit éxempte de l'Ordinaire & sujette au Pape, *ut asseritur;* cependant elle ne l'est point; c'est donc un Bref nul & obreptice.

Quintò. Ce Bref ne déroge point aux Conciles de Vienne & de Trente qui soumettent aux Ordinaires tous les Monasteres de Religieuses, dépendans immédiatement du Pape. L'Arrest du Conseil d'Etat ne déroge point aussi aux Ordonnances d'Orleans & de Blois qui remettent tous les Monasteres non estant en Congrégation sous la jurisdiction des Evesques: & ainsi le pouvoir que les Conciles & l'Ordonnance attribuent à M. l'Evesque de Meaux ne luy estant osté ni par ce Bref ni par cét Arrest, il peut s'en servir.

Sextò. Il estoit necessaire de faire confirmer ce Bref par Lettres Patentes, & de les faire registrer; c'est ce qui n'a point esté fait.

Septimò. Ce Bref est caduc, pour avoir esté negligé & abandonné durant dix années; *pro derelicto habitum.* Ce n'est qu'une commission de Justice adressée à un juge extraordinaire, laquelle n'ayant point esté executée dans l'an, elle est finie par le laps de ce long temps sans éxécution, & l'on ne sçauroit la faire revivre, pour empescher que le juge ordinaire n'éxerce ses fonctions.

Octavò. Cette commission est expirée par la mort du Pape Innocent XI. car les rescrits de Justice finissent par la mort du delegant, lors que les choses sont encore entieres au temps de son decés; c'est ce qui est decidé, *cap. Relatum: cap. Gratum: De officio & potestate Jud. deleg. Si delegans ante litis contestationem decessit, non est à judicibus quos delegaverat, ex delegatione hujusmodi procedendum.*

Quand on dit que les Concessions faites par les Papes à nos Rois, sont perpetuelles & irrévocables; cela est vray pour les indults & autres rescrits de grace qu'ils leur accordent; mais pour les rescrits de justice, qui ne contiennent qu'une députation de Commissaire, ils ne sont point exceptez de la loy qui les fait expirer.

La circonstance que celuy-cy a esté confirmé par un Arrest du Conseil d'Etat, ne l'a point perpetué au-delà de la mort du Pape contre la disposition de droit; parce que cét Arrest n'est point un acte du Commissaire député pour l'éxécuter: il ne contient qu'une permission de mettre le rescrit à exécution, & c'est ce qui n'a point esté fait.

Il faut encore considerer que ce Bref donne à M. l'Archevesque de Paris une jurisdiction immediate, & en premiere instance dans le Diocese de son Suffragant, hors les cas marquez par le droit; & que si M. l'Archevesque de Paris avoit fait une visite dans ce Monastere, dont il y eust appel, il le faudroit relever en Cour de Rome, & non pas au Primat; d'autant qu'il n'y auroit pas procedé comme Archevesque de Paris, mais en qualité de Commissaire du Pape: c'est ce qui renverseroit l'ordre & les degrez de la Jurisdiction Ecclesiastique établis par le Concordat.

Arrest de 1631.

MAdame l'Abbesse de Joûarre prétend que quand ce Bref luy seroit inutile, son éxemption ne pourroit pas estre contestée; d'autant qu'elle a esté confirmée depuis l'Ordonnance de Blois par un Arrest du 26. May 1631. sur les Conclusions de feu M. l'Avocat Général Talon. Mais cét Arrest n'a point esté rendu avec les prédecesseurs de M. l'Evesque de Meaux: il ne s'y agissoit ni de visite ni de correction de mœurs. Un Curé avoit fait assigner l'Abbesse de Joûarre devant l'Official de Meaux pour se désister d'un droit de dixmes. Il y avoit eû une Sentence qui avoit débouté l'Abbesse de son déclinatoire. Elle en estoit appellante comme d'abus; & sur son appel il intervint Arrest, sans que l'Evesque ni ses Officiers fussent parties, entre le Curé & l'Abbesse seulement, par lequel il fut dit qu'il y avoit abus dans la Sentence, & la cause renvoyée devant l'Abbé de sainte Genevieve, comme conservateur des privileges Apostoliques.

Si cét Arrest a esté l'effet d'une collusion, c'est ce que M. l'Evesque de Meaux n'éxaminera point : il remarquera seulement qu'il ne déclare point l'Abbesse exempte de la visite de l'Ordinaire. Que si les moyens sur lesquels l'Abbesse fonde son éxemption y ont esté alleguez : il n'y a point esté parlé de ceux que l'Evesque tire des Conciles de Vienne & de Trente, & de l'Ordonnance : & pour le plaidoyé de feu M. l'Avocat Général Talon, ce n'est point son ouvrage : la minute qui est au Greffe n'est point paraphée de luy : il n'y a eû qu'un Commis au Greffe qui y ait eû part ; & les conclusions en sont fondées sur des Lettres Patentes confirmatives de l'éxemption de Joûarre, registrées, qui ne paroissent point.

Le Bref d'Hiere.

LA prétention que le Bref qui a député le sieur Abbé Chamillard Visiteur de l'Abbaye d'Hiere est un exemple pour faire confirmer celuy donné pour l'Abbaye de Joûarre, n'est pas mieux fondée : car ces deux Brefs ne sont pas semblables. Celuy-là a esté concedé sur la Requeste de l'Abbesse & des Religieuses d'Hiere : celuy de Joûarre a esté expedié sans la participation de l'Abbesse & des Religieuses, & sur la seule réquisition du Roy. Celuy-là est confirmé par Lettres Patentes registrées en la Cour : celuy-cy n'est autorisé ni par Lettres Patentes, ni par Arrest d'enregistrement. Celuy-là a esté accepté en forme judiciaire par le Commissaire que le Pape a députe ; celuy-cy ne l'a point esté. L'ordinaire ne reclame point contre celuy-là, il en aggrée l'éxécution : M. l'Evesque de Meaux soutient que celuy-cy ne peut estre éxecuté.

Réponse aux Actes de possession concernant l'éxemption.

C'Est une circonstance importante pour faire voir l'abus de cette possession, que depuis que le Monastere de Joûarre se prétend soumis immédiatement au Saint Siege, le Pape ne l'a point visité ni fait visiter par aucun subdelegué. Il n'y a point eû de Commissaire Apostolique nommé pour donner aux Abbesses & aux Religieuses de Joûarre les permissions dont elles ont eû besoin pour sortir, ni pour accorder aux seculiers celles d'entrer dans le Monastere; pour approuver les Confesseurs ordinaires & extraordinaires de l'Abbesse & des Religieuses; pour recevoir les plaintes de la Communauté, proceder à sa réformation, & faire tous les Reglemens necessaires, afin d'entretenir la discipline Monastique. L'Abbesse & les Religieuses ont vescu dans l'indépendance, sans qu'aucun Superieur ait veillé sur leur conduite. Voilà la possession en laquelle Madame l'Abbesse de Joûarre demande d'estre maintenuë.

Elle a dit en sa replique que les précedentes Abbesses avoient député des Vicaires pour visiter les Religieuses: & pour le justifier, elle a communiqué un Vicariat du 17. Juin 1518. Mais une Abbesse ne peut pas se choisir un Visiteur sans la permission de son Supérieur; & ce Vicariat n'a point esté éxecuté. Il n'y a point eû de procés verbal de visite, ni de comptes representez pour voir comment le temporel de l'Abbaye est administré; de sorte qu'il est constant dans le fond, qu'il n'y a pas eû depuis quatre cens cinquante années un seul acte de superiorité, jurisdiction, visite, ou correction exercé sur les Abbesses & Religieuses de Joûarre: quelque necessité qu'il y ait eû d'y faire la visite, il ne s'y en est point fait; sinon celles qui ont donné lieu en ce dernier temps aux deux Brefs dont il a esté parlé cy-dessus.

Les prédecesseurs de M. l'Evesque de Meaux n'ont osé se presenter pour visiter ce Monastere, par respect des noms de Charlotte de Bourbon, de Loüise de Bourbon, de Jeanne de Bourbon, de Madeleine d'Orleans, de Marguerite de la Trimoüille, de Jeanne de Lorraine, & autres Princesses qui en ont esté consécutivement Abbesses depuis deux cens ans: la crainte du procés qu'il leur eust fallu soûtenir contre des personnes de ce rang, les a retenus dans le silence. Mais ce defaut de visite ne fait pas que les Evesques de Meaux en ayent perdu le droit. Il n'y a point d'Archevesque ni d'autre Superieur qui l'ait prescrit contre eux, & ce Monastere a esté incapable de prescrire de son chef l'exemption; le droit de visite est imprescriptible par l'inferieur contre son Superieur, *cap. Cùm non liceat: De præscriptionibus.*

Et venant aux Actes particuliers de sa prétenduë possession, il paroist qu'elle n'en a point depuis la Sentence arbitrale du Cardinal Romain de l'an 1225. jusqu'en 1457. Ce sont d'abord deux cens trente années de vuide qui se rencontrent sans aucun acte de possession; & il est arrivé pendant le cours de ces deux cens trente années, que le Concile général de Vienne a esté celebré dans le Royaume à la réquisition du Roy Philippe le Bel en l'an 1311. & que par ce Concile dont le texte est rapporté dans la Clementine *Attendentes : De statu Monachorum :* toutes les Religieuses exemptes ont esté soumises à la visite des Ordinaires, *Nonobstantibus exemptionibus & privilegiis quibuscumque :* ce sont les termes du Concile, qui emportent une révocation des exemptions, & qui font voir que si Madame l'Abbesse de Joûarre avoit des actes de possession de son exemption posterieurs à ce Concile général, ils ne pourroient passer que pour une usurpation contre le droit public; ce seroient des abus & des entreprises contre la loy.

En effet, les premiéres pieces communiquées par Madame l'Abbesse de Joûarre, sont: un Acte de 1457. par lequel Jean Evesque de Meaux déclare qu'encore qu'il confere les Ordres & le Sacrement de Confirmation dans l'Abbaye de Joûarre à ses Diocesains, ou aux sujets de la jurisdiction spirituelle de l'Abbesse, les privileges de l'Abbaye n'en recevront aucun préjudice: un procés verbal de la bénédiction du cloistre de l'Abbaye de Joûarre en 1552. par l'Evesque de Philadelphe: & un autre procés verbal de la consécration de l'Eglise de Joûarre en 1588. par l'Evesque de Digne.

Ces trois piéces prouvent que les Abbesses se prévalant de l'autorité de leur naissance, usurpoient des droits qui ne leur appartenoient point par leurs propres titres; parce que la sentence du Cardinal Romain reservoit expressément à l'Evesque de Meaux la consécration des Autels, l'ordination des Clercs de Joûarre, la Bénédiction des Religieuses & les autres actes qui dépendent du caractére Episcopal. Cependant les Abbesses de Joûarre se mettent en possession de faire faire ces mesmes actes par d'autres Evesques, qu'elles choifissent sans le consentement de celuy de Meaux, contre leurs propres titres.

C'est dans le mesme esprit qu'elles se sont qualifiées de nul Diocese, *Nullius Diœcesis*, par plusieurs de leurs Bulles de provision; afin de faire croire qu'elles n'avoient pas seulement une éxemption personnelle, mais qu'elles en avoient une réelle; que leur territoire estoit éxempt; & néanmoins leur Sentence arbitrale du Cardinal Romain declare qu'elles sont, *Diœcesis Meldensis*.

Madame l'Abbesse de Joüarre tire un grand avantage de ce que toutes les Bulles des precedentes Abbesses les qualifient depuis un temps immemorial sujettes immediatement au Saint Siege; de ce que ces Bulles ont esté fulminées avec cette mesme qualité, & qu'il y en a mesme eû plusieurs éxécutées par les Officiaux de l'Evesché de Meaux.

Lors que les Officiers de Cour de Rome souffrent ces énonciations en des Bulles d'Abbayes de Religieuses, ce n'est pas pour exempter de la visite des Evesques les Monasteres qui ne sont point en Congregation: c'est pour engager les Evesques à y proceder non pas comme Evesques; mais en qualité de déleguez du Saint Siege, suivant l'esprit du Concile de Trente: c'est pour avoir le pretexte de dire que la jurisdiction appartient toûjours à la Cour de Rome en premiere instance sur les Religieuses; & que si les Evesques l'éxercent, ce n'est que comme simples Vicaires du Pape. Or cette maniere de proceder ne s'accorde pas avec les anciens Canons, qui desirent que les Evesques estant successeurs des Apostres, éxercent de leur chef leur Jurisdiction dans leurs Dioceses; & lors que quelques-uns ont voulu proceder comme Vicaires du Saint Siege, les Arrests ont jugé leurs procedures abusives: par la raison que quand l'Ordonnance de Blois a accepté le Decret du Concile, qui soumet aux Ordinaires les Monasteres non en Congregation, elle n'a pas dit qu'il y seroit pourveû par l'Evesque en qualité de délegué du Saint Siege, elle a simplement dit qu'il y seroit pourveû par l'Evesque: & si l'on en usoit autrement, ce seroit renverser les degrez de la Jurisdiction Ecclesiastique établis par le Concordat, d'autant que l'appel de l'Evesque n'iroit plus au Métropolitain, ni du Métropolitain au Primat: il faudroit le porter directement en Cour de Rome, attendu que l'Evesque n'auroit visité & fait ses ordonnances que comme Vicaire du Saint Siege.

Si quelque Official de Meaux a fulminé des Bulles, avec déclaration qu'il n'entendoit point préjudicier aux privileges de l'Abbaye de Joüarre, c'est une procedure dont l'on ne sçauroit argumenter contre l'Evesque; parce qu'il n'a pas esté au pouvoir d'un Official d'aliener une jurisdiction dont il n'estoit que dépositaire. Il faut en revenir à l'éxamen du droit prétendu par le Monastére, & observer qu'il y a plusieurs de ces Bulles, & entre autres celles de Jeanne de Bourbon de l'an 1586. de Jeanne de Lorraine de 1611. & celles de Madame l'Abbesse de Joüarre de l'an 1655. par lesquelles les Papes donnant la faculté aux Abbesses de se faire benir par un autre que par le Diocesain, il déclare que c'est sans préjudicier aux droits de l'Evesque de Meaux. *Quodque per hoc venerabili Fratri nostro Episcopo Meldensi, cui dictum Monasterium ordinario jure subesse dignoscitur, nullum imposterum præjudicium generetur.*

La Bulle accordée par Clement VII. en 1525. à l'Abbaye de Joüarre pour confirmer son éxemption, est une piece pareillement inutile. Elle n'autorise que, *privilegia & alia indulta vobis & vestro Monasterio ritè concessa:* elle ne specifie aucun de ces privileges ni sa teneur: c'est une confirmation en termes vagues & généraux, sans oüir ni appeller les parties interessées; qui n'approuve que les privileges concedez dans les formes, *ritè concessa*, sans attribuer aucun droit.

Pour les presentations de diverses Cures adressées aux Evesques de Meaux, par lesquelles les Abbesses de Joüarre se sont qualifiées sujettes immediatement au Saint Siege, Madame l'Abbesse n'en sçauroit tirer avantage. Ce sont des Actes demeurez en sa possession, dans lesquels les Abbesses ont mis ce que bon leur a semblé: les provisions que les Evesques de Meaux ont expediées sur les presentations des Abbesses, ne contiennent point de clause semblable. C'est de ces provisions qu'on pourroit argumenter contre les Evesques,

ques, & non pas de ces presentations qui ne sont point de leur fait, & qui ne sont peut-estre pas seulement venuës à leur connoissance.

Enfin, Madame l'Abbesse de Joüarre a remontré dans sa Replique, que cette cause estoit de la derniere conséquence pour Rome: parce que si elle perdoit sa cause, on ne manqueroit pas de s'y plaindre, de ce que le Parlement auroit cassé la Décretale, *Ex parte: De privilegiis*, qui avoit confirmé l'éxemption de son Monastere.

M. l'Evesque de Meaux n'éxaminera point en cét endroit la teneur de cette Decretale, parce qu'il l'a fait cy-devant où elle est transcrite. Il remarquera seulement, que quand cette Decretale auroit accordé à l'Abbaye de Joüarre une éxemption revestuë de toutes les formes requises pour sa validité, Rome ne se pourroit plaindre de ce que le Monastere de Joüarre auroit maintenant esté assujéti à la jurisdiction de l'Ordinaire; parce que les Papes autoient depuis dérogé à son éxemption par les Conciles de Vienne & de Trente, & par plusieurs Bulles qui ont soumis aux Evesques tous les Monasteres de Religieuses, non estant en Congrégation.

Il ne faut point qu'elle allegue le Concile de Constance, pour dire que son éxemption estant anterieure à la mort de Gregoire XI. elle y a esté approuvée. Ce Concile a révoqué les éxemptions concedées par les Papes, depuis la mort de Grégoire XI. pendant le schisme d'Avignon. Et à l'égard de celles qui estoient plus anciennes, il n'est point vray qu'il les ait confirmées. Il ne les a ni autorisées ni infirmées: il a seulement declaré qu'il n'entendoit point y faire préjudice: *Cateris autem exemtionibus ante obitum dicti Gregorii habitis vel concessis, nullum volumus per hoc prajudicium generari.* C'est-à-dire, qu'il les laisse en l'état qu'elles estoient, sans décider sur leur validité ou invalidité. Mais le Concile de Trente est depuis survenu; ensemble les Ordonnances d'Orleans & de Blois, qui ont résolu en faveur des Evesques toutes les difficultez, qui pouvoient estre formées sur ce sujet.

Réponse de M. l'Evesque de Meaux, à la Sentence arbitrale du Cardinal Romain, & à la possession prétenduë de la Jurisdiction Episcopale sur le Clergé & sur le Peuple de Joûarre.

LA Sentence arbitrale donnée au mois de Novembre 1225. par le Cardinal Romain Legat du Pape, contient quatre chefs differens. Par le premier elle ordonne que l'Abbesse & le Convent du Monastere de Joûarre prendront le Chresme & les saintes Huiles de l'Evesque de Meaux ; qu'il appartiendra à l'Evesque de faire les consécrations des Autels, les benedictions des Religieuses, & les Ordinations des Clercs ; & néanmoins, que l'Abbesse pourra se faire benir par tel Evesque que bon luy semblera.

Par le second, elle déclare le Monastere de Joûarre, le Clergé & le Peuple de la ville & paroisse de Joûarre, exempts de la jurisdiction Episcopale de l'Evesque de Meaux ; en sorte que l'Evesque ne pourra leur demander le droit de procuration qui luy avoit esté ajugé par le Pape, ni aucun autre droit, quel qu'il soit.

Par le troisiéme, il est dit que le Monastere de Joûarre, le Clergé & le Peuple sont affranchis de tous droits envers l'Eglise de Meaux, sans préjudice de deux muids de grain que l'Evesque de Meaux a droit de prendre sur la Grange de Troci, appartenante à l'Abbaye de Joûarre, & de la cire deûë au Tresorier de l'Eglise de Meaux.

Et par le dernier, la Sentence ordonne en outre, que l'Abbesse & le Convent payeront par chacun an à l'Evesque de Meaux dix-huit muids de bled sur les dixmes de la Paroisse de May ; les deux tiers hyvernage, & le tiers avoine : & qu'au cas que les dixmes de May ne soient pas suffisantes pour payer cette quantité de grain, ce qui s'en défaudroit sera pris sur la dixme de Troci, appartenante à l'Abbaye. Pourront néanmoins l'Abbesse & le Convent aquerir d'autres dixmes pour les bailler à l'Evesque en récompense de cette redevance, & l'Evesque sera tenu de les accepter, pourveû que ce ne soient pas dixmes que l'Evesque voulust racheter dans son fief.

M. l'Evesque de Meaux a incidemment appellé comme d'abus de cette Sentence, en ce qu'elle déclare le Monastere, le Clergé & le Peuple de Joûarre, exempts de sa jurisdiction, & immediatement sujets au Pape. Ses moyens sont,

Primo. Qu'elle est contraire au Concile general de Calcedoine, qui a soumis tous les Moines à la jurisdiction de l'Evesque : *Monachos autem qui sunt in unaquaque regione & civitate, Episcopo subjectos esse*. Elle est contraire aux Conciles Nationaux tenus en France, à Agde en 506. & à Orleans en 511. *Abbates pro humilitate Religionis in Episcoporum potestate consistant, & siquid extra Regulam fecerint, ab Episcopis corrigantur.* Et elle blesse la police universelle de l'Eglise, qui veut que les Curez soient sujets à la jurisdiction de l'Evesque, pour luy répondre de l'administration de la parole de Dieu & des Sacremens au peuple. *Conc. Chalced. Canone 4.*

Madame l'Abbesse de Joûarre a prétendu qu'il y avoit d'autres Canons qui avoient autorisé les exemptions ; & pour le montrer, elle a cité le Concile de Carthage tenu en 525. Mais a quoy bon recourir à ce Concile d'Afrique, puis qu'il y en a de plus anciens qui ont reglé la difficulté dans le Royaume ? pourquoy l'alleguer, puis qu'il n'y est point parlé de Monasteres sujets immediatement au Saint Siege, & que sa décision ne dit rien autre chose, sinon que : *Erunt igitur omnia omnino Monasteria, sicut semper fuerunt, à conditione Clericorum modis omnibus libera, sibi tantum & Deo placentia.* Si ces mots : *libera à conditione Clericorum*, ont besoin d'explication, il n'y a qu'à consulter le Glossaire du sieur du Cange sur le mot, *Conditio*, l'on verra que ce terme signifie, *obnoxiatio, tributum, pensitatio* ; & qu'entre plusieurs preuves que cét Auteur en rapporte, il se sert du texte d'un autre Concile tenu à Carthage en 535. sous Réparat Evesque, où il est dit : *neque Ecclesiasticis eos conditionibus aut angariis subdens*. Le terme *Angariis*, qui signifie des corvées, explique l'autre, & fait voir que les Religieux n'estoient alors affranchis que de droits temporels.

Secundò. Cette Sentence arbitrale est contraire aux an-

Lib. 5. art. 384. Lib. 6. art. 139.

ciennes Ordonnances du Royaume, sçavoir aux Capitulaires de Charlemagne, portant confirmation des anciens Conciles, qui ont déclaré que l'élection des Abbesses seroit confirmée par l'Evesque, auquel le Monastere estoit sujet, qui ont expressement autorisé le Decret du Concile d'Orleans, pour la puissance des Evesques sur les Religieux & Religieuses, & qui sont remplis de textes pour justifier qu'il appartient aux Evesques de corriger les Abbez & les Abbesses.

Tertiò. Cette Sentence est contraire aux Constitutions d'Honoré II. & d'Aléxandre III. qui avoient déclaré l'Abbesse de Jouarre, le Clergé & le Peuple, sujets à la jurisdiction de l'Evesque de Meaux : le Cardinal Romain y a excedé son pouvoir, parce qu'il y a infirmé le jugement de deux Papes, auquel il ne pouvoit déroger sans un mandement spécial.

Quartò. Cette Sentence a esté renduë, sans que les parties interressées y ayent esté appellées. L'Archevesque de Sens, alors Métropolitain de Meaux, y avoit intérest, parce que l'appel de l'Evesque de Meaux ressortissoit devant luy. Le Primat de Lion y avoit aussi intérest, parce que l'appel du Métropolitain de Sens se releve devant luy. Ils n'y ont pourtant point esté appellez ni l'un ni l'autre : la Sentence les a privez de leur jurisdiction Métropolitaine & Primatiale sans les entendre. C'est un moyen d'abus auquel Madame l'Abbesse de Jouarre a répondu, qu'il paroissoit par le chapitre, *Cùm à nobis: De arbitris*, qu'il y avoit eû un accommodement fait entre l'Archevesque de Sens & l'Abbesse, lequel avoit esté homologué; mais cét accommodement n'est point representé, & l'on ne sçait point quelles en sont les conditions. Si l'exemption a subsisté ou a esté détruite ; il n'en est rien dit dans ce chapitre : c'est une piece que les Agens de Madame l'Abbesse suppriment.

Quintò. Cette Sentence est contraire aux anciennes Coustumes de l'Eglise Gallicane, selon lesquelles aucun Monastere ne se peut prétendre éxempt de la jurisdiction de l'Ordinaire, si son éxemption n'a esté confirmée par Lettres Patentes. C'est une ancienne police du Royaume, justifiée par toutes les plus anciennes éxemptions qui se trouvent approuvées par Lettres du Roy, dont la Formule est rapportée par Marculphe; c'est la seconde de ses Formules: & c'est ce qui est porté par l'article 71. des Libertez de l'Eglise Gallicane, compilées par le sieur Pithou. Cependant l'Abbaye de Joüarre n'a jamais eû aucunes Lettres du Roy, pour autoriser sa prétenduë éxemption, & pour déroger aux Ordonnances, qui veulent que tous Monasteres soient sujets à la jurisdiction de l'Evesque.

Voilà cinq moyens, sur lesquels M. l'Evesque de Meaux a fondé son appel comme d'abus. Il les soutient suffisans, pour faire dire qu'il y a abus dans cette Sentence arbitrale, en ce qu'elle déclare le Monastere, le Clergé, & le Peuple de Joüarre, éxempts de sa jurisdiction. C'est une circonstance importante, qu'ils n'ont rien de commun avec les deux redevance en grain, que l'Abbaye de Jouarre est condamnée par la mesme Sentence, de payer à l'Evesché de Meaux; & ainsi elle peut estre abusive au chef de léxemption, & ne l'estre pas au chef de ces deux redevances.

S'il y a de l'abus dans le chef de la Sentence qui prononce sur l'éxemption, ce n'est pas une conséquence, qu'il y en ait dans celuy qui juge que les deux rentes en grain sont deûës. Le decret du Concile de Trente, qui soumet aux Evesques les Monasteres, non estant en congrégation, n'est pas en usage, en ce qu'il ordonne que les Evesques n'y éxerceront leur jurisdiction ordinaire, qu'en qualité de déleguez du Saint Siége. Mais il est approuvé par l'Ordonnance pour le surplus de la disposition. Les Bulles contenant les facultez des Legats *à latere*, qui viennent en France, sont abusives; en ce qu'elles sont contraires aux Libertez de l'Eglise Gallicane, & le Parlement les modifie pour ce regard; mais il en ordonne l'execution, pour les articles qui ne blessent point la discipline du Royaume. C'est ce qui fait voir qu'une Bulle ou une Sentence peuvent estre abusives dans un chef, & estre légitimes dans l'autre, lors que les différens chefs sont indépendans l'un de l'autre, & roulent sur différens fondemens. Il y en a plusieurs éxemples dans les Arrests de la Cour.

A l'égard de la prétention, que la redevance de dix-huit

muids de grain a esté accordée pour récompense de l'éxemption, & qu'il en faut par consequent décharger l'Abbaye de Joüarre: attendu que c'est une simonie: M. l'Evesque de Meaux renonceroit à cette redevance, s'il la croyoit fondée sur une convention simoniaque; mais ce fait ne luy paroissant point, il ne peut ni ne doit le faire; parce que ce seroit aliener le domaine de son Evesché au préjudice de ses successeurs.

La simonie est un crime, dont une Abbesse, un Evesque, & un Cardinal ne doivent pas estre jugez coupables sur de simples présomptions, plus de 450. années aprés leur mort. Ce n'est point par des interprétations, ni en supléant des clauses à un acte, que des personnes constituées en de si grandes dignitez en peuvent estre chargées: le fait ne peut leur en estre imputé, qu'en trouvant dans une piece une convention précise sur un droit spirituel qui ait esté cedé pour un temporel. Or il n'y a rien de semblable dans la Sentence arbitrale du Cardinal Romain, car les Parties n'y conviennent d'aucune chose; c'est luy seul qui ordonne, & il n'ordonne pas que l'Abbesse & son Monastere seront éxempts, moyennant la redevance de dix-huit muids de grain: il n'y dit pas que cette redevance sera payée à l'Evesque pour recompense de l'éxemption; sa Sentence porte seulement que l'Abbesse & le Convent payeront par chacun an, les dix-huit muids de bled à l'Evesque, sans en spécifier la cause; parce qu'il n'y a point de loy qui desire, & ce n'est point l'usage, qu'un arbitre ou un juge, expliquent les raisons de leur jugement dans le dispositif.

De dire que c'est une nouvelle charge qui a esté imposée à l'Abbaye, parce que, quand la Sentence prononce pour les deux muids sur la Grange de Trocy, elle porte: *Salvis duobus modiis, quos habet Episcopus in Grangia de Trocy*; & quand elle prononce pour les dix-huit muids sur les dixmes de May, elle dit: *Sane ordinamus, quod Abbatissa & Conventus persolvent*; c'est ce qui ne résulte point de cette prononciation, qui a distingué ces deux redevances, parce qu'elles estoient assignées sur différentes dixmes; l'une sur les dixmes de Trocy, & l'autre sur les dixmes de

May : & s'il y avoit quelque doute, il y auroit bien plus lieu de croire, que les dixmes de May estoient contestées entre l'Evesque & l'Abbesse, & que pour terminer la contestation, la redevance de dix-huit muids a esté établie : que de soutenir qu'elle ait esté réglée pour une récompense criminelle, dont il n'est fait aucune mention dans l'acte.

Les Parties n'estoient pas seulement en différend pour l'éxemption : la Sentence justifie qu'elles avoient compromis, tant sur l'éxemption que sur toutes les autres choses contestées entr'eux : *tam super iis de quibus actum extiterat, quàm etiam super omnibus aliis quæ quoquo modo poterant, ratione proprietatis vel possessionis, ad jus Episcopale, lege diœcesana, vel jure communi, seu alio quocunque jure, spectare.* C'est cette clause qui a donné lieu au Cardinal Romain, de statuer sur la redevance des deux muids, sur la cire du Trésorier, & ensuite sur la rente des dix-huit muids.

Et pour montrer que ces dix-huit muids n'ont point esté accordez pour indemniser l'Evesque de la perte de sa jurisdiction Episcopale ; c'est que s'ils luy avoient esté accordez pour indemnité, le Chapitre de Meaux y auroit eû part, pour récompense de ce qu'il auroit esté privé de sa jurisdiction, pendant la vacance du Siege : les Archidiacres de Meaux y auroient aussi eû part, pour les dédommager de leurs droits de visite, sur le Chapitre & sur le Curé de Joüarre. Le Chapitre de Meaux & ses Archidiacres estoient parties dans le compromis ; ils sont établis dans les qualitez de la Sentence, pour défendre leur interests : cependant ils n'ont aucune part dans cette redevance, ni pendant que le siege est rempli, ni durant la vacance du siege ; c'est un témoignage certain, que cette redevance n'a point esté caussée pour indemnité de l'éxemption. Pour le confirmer il n'y a qu'à faire réflexion sur ce qui s'est pratiqué, pour desinteresser l'Archevesché de Sens, de ce qu'on en avoit distrait les Eveschez de Chartres, Meaux & Orléans, pour ériger l'Archevesché de Paris. Le Pape a uni du consentement du Roy, l'Abbaye du Mont Saint Martin, à l'Archevesché de Sens, à la charge que vacation arrivant de l'Archevesché de Sens, les fruits de ladite Abbaye appartiendront, pour la premiére année de chaque vacance au Chapitre de Sens, ſur iceux priſe la ſomme de mil livres, payable à l'Archidiacre de Sens pour ſes droits.

Cette union de l'Abbaye du Mont Saint Martin ſous ces conditions, a eſté confirmée par Lettres Patentes regiſtrées en la Cour le 17. May 1672. & la meſme choſe s'eſt obſervée, lors que l'Eveſché d'Albi a eſté éxempté de la juriſdiction de ſon Métropolitain de Bourges: le Chapitre de Bourges a obtenu qu'à chaque vacance, il joûiroit pendant la premiere année, des quinze mil livres de rente, que l'Eveſché d'Albi a données de récompenſe à l'Archeveſché de Bourges. Ce ſont autant d'éxemples qui perſuadent, que ſi les dix-huit muids de grain avoient eſté ordonnez, pour deſintereſſer l'Eveſché de Meaux, le Chapitre de Meaux & l'Archidiacre y auroient eû part; & que n'y en ayant point eû, il eſt certain que cette redevance n'a point eſté aſſignée, pour récompenſe de l'éxemption.

Auſſi, lors que cette redevance de dix-huit muids de grain a eſté conteſtée en Juſtice, le Monaſtere de Joûarre a perpétuellement eſté condamné de la payer. M. l'Eveſque de Meaux a levé au Greffe un Arreſt du 22. Janvier 1486. confirmatif d'une Sentence des Requeſtes du Palais, qui en avoit ordonné le payement; & en 1565. le procés pour le payement de cette redevance ayant eſté renouvellé, l'Abbeſſe le fit évoquer au Parlement de Roûen, où elle fut condamnée par Arreſt contradictoire de la payer; & il eſt fait mention dans le Veû de l'Arreſt, de la Sentence arbitrale de 1225. en ces termes: *Extrait d'une Sentence donnée à Meaux, par Romain Cardinal Légat en France, en l'an 1225. entre les Religieuſes, Abbeſſe, & Convent de Joûarre d'une part, & l'Eveſque de Meaux qui pour lors eſtoit d'autre part.*

Le Veû de cét Arreſt forme une circonſtance déciſive, parce que ſi cette Sentence avoit eſté ſimoniaque, les Juges qui l'éxaminérent en 1565. s'en ſeroient apperceûs; & la trouvant infectée de ſimonie, ils auroient déchargé le Monaſtere du payement de cette redevance, au lieu de le condamner à en aquiter les arrerages. Il ne faut pas dire que l'éxemption n'eſtant point alors conteſtée, la redevance devoit

voit estre continuée. Car, soit que l'exemption fust contestée ou ne le fust pas, la redevance n'estoit point deûë : il n'y a point de Juges qui eussent voulu l'autoriser, s'ils l'eussent estimée simoniaque.

Madame l'Abbesse de Joûarre qui sçait que cette redevance est fondée sur des causes légitimes, n'est point demanderesse en requeste pour en estre déchargée, ni en requeste civile pour faire retracter les Arrests de 1486. & de 1565. qui l'ont condamnée de la payer.

Que si cette Sentence arbitrale est inserée dans le Cartulaire de l'Eglise de Meaux, c'est un argument qu'il n'y a point de simonie, parce que s'il y en avoit eû, ceux qui ont pris soin de le composer ne l'y auroient point mise : ils l'auroient supprimée, & auroient porté les Evesques à purger leur Eglise d'un bien si mal aquis ; mais la rente de dix-huit muids de grain leur ayant paru légitime, ils ont jugé à propos d'en conserver cette preuve à la postérité.

L'aquiescement des parties à la Sentence arbitrale, ne marque point aussi de simonie : il ne contient aucune convention ; & si M l'Evesque de Meaux ne rapporte pas des titres anterieurs à cette Sentence, pour montrer que la redevance, ou les dixmes de May, sur lesquelles elle est assignée, luy appartenoient avant l'année 1225. le temps de plus de quatre cens soixante années, qui se sont écoulées depuis, l'en dispense. Il n'est point permis, aprés le laps de tant de siecles, d'ajouster à ladite Sentence une cause de cette redevance, qui n'y est point écrite. S'il y avoit quelque doute, le respect deû à la mémoire d'un Cardinal Légat, recommandé dans l'histoire pour les grands services qu'il a rendus à l'Eglise, la devroit plûtost faire interpréter en bonne qu'en mauvaise part.

Réponse à la Collation de la Cure.

M. l'Evesque de Meaux convient que Madame l'Abbesse de Joûarre est en possession, de conférer de plein droit la Cure de Joûarre ; mais il soutient que c'est une usurpation & un abus intolérable. C'est une usurpation, parce que le titre mesme que Madame l'Abbesse de Joûarre a tiré du Cartulaire de Faremontier, pour montrer que le Curé de Joûarre estoit exempt d'aller au Synode, porte que les Curez des paroisses de Rebais & de Joûarre recevoient la charge des ames de la main de l'Evesque ; c'est une des pieces que M. l'Evesque de Meaux a fait imprimer : *Quoniam audivimus Sacerdotes Jotrensem & Resbacensem qui similiter Curam de manu Episcopi suscipiunt, numquam ad Synodum venisse ex antiqua consuetudine.*

Pour autoriser cette usurpation, Madame l'Abbesse de Joûarre a cité la glose sur le chapitre, *Dilecta : De majoritate & obedientia*, où il est parlé d'une Abbesse qui confere des Bénefices ; mais il n'y est pas dit, que ce fussent des Eglises paroissiales ou autres Benefices ayant charge d'ames ; c'estoient des Benefices tels que les Chapelles & les Canonicats que Madame l'Abbesse de Joûarre confere de plein droit dans son Abbaye, & que M. l'Evesque de Meaux ne luy conteste point. C'est ce qui sert de réponse à la multitude des éxemples qui ont esté alleguez, pour faire voir qu'il y a plusieurs Seigneurs laïques qui conferent des Bénefices, & qu'il est fait mention dans la regle, *De mensibus & alternativa*, de femmes qui estoient Collatrices. Tout cela s'entend de Bénéfices sans charge d'ames & sans jurisdiction spirituelle.

Si du Moulin a dit sur la régle, *De infirmis, num. 420.* qu'il y avoit des Laïques & des Religieuses proche Estampes qui conferoient des Cures de plein droit, il faut tomber d'accord, suivant son sentiment, que leur collation ne pouvoit estre donnée qu'à la charge de prendre par le pourveû l'institution autorisable de l'Evesque : c'est ce qu'il a parfaitement expliqué dans ses Notes sur le Commentaire des régles du Droit Civil par *Decius ;* où éxaminant la regle qui exclut les femmes de toutes les charges, *Decius* traite la question de sçavoir si une Abbesse peut avoir la collation de quelques Bénefices. Surquoy du Moulin a répeté, *Beneficiorum etiam Curatorum parochialium, ut quandoque vidi, tamen institutio autorisabilis necessariò semper spectabit ad Episcopum à quo separari non potest, ut notatur per Philippum Francum in capite unico, De Capellis Monachorum, in cap. 1. coll. 2. De verborum significat. In sexto. In tantum, quod etiam ubi hujus-*

modi Beneficia Curata conferuntur à Rege Jure Regalia, ut in Scotia, tamen institutio autorisabilis debet spectare ad Episcopum.

La tradition de la charge des ames dépend tellement de l'Evesque, que si un Archidiacre se trouve en possession immémoriale de la donner, le Pape Aléxandre III. a décidé, *cap. Cum satis: De officio Archidiaconi*, que c'estoit un abus: *Mandamus ut nemini sine licentia & mandato Episcopi curam præsumas committere animarum.* Quoy-que les Prestres reçoivent dans leur Ordination la puissance d'absoudre, l'Eglise ne leur donne pas toutefois des sujets sur lesquels ils puissent éxerçer cette jurisdiction: elle ne leur permet pas de confesser & d'annoncer la parole de Dieu au peuple. Ils ont besoin d'une approbation & d'une mission de l'Evesque; & pour l'obtenir, ils sont obligez de subir un autre éxamen que celuy de l'Ordination, nonobstant tous privileges & coustumes contraires. C'est la discipline du Royaume autorisée par l'Arrest d'Agen & par ceux du Parlement.

On ne sçauroit voir sans étonnement qu'une fille incapable non-seulement des Ordres sacrez; mais de la simple clericature, veuïlle se maintenir sans aucune Bulle ni concession de l'Evesque, en la possession de conferer de plein droit en son nom la Cure de Joüarre, & de mettre en des Provisions: *curam animarum, administrationem Sacramentorum, & verbi divini, contulimus.* Il est difficile de concevoir comment elle peut donner à un Prestre des pouvoirs qu'elle n'a pas.

Quelque privilegiée que soit la Régale, le Roy n'y confere point les Cures; & il a voulu par sa Déclaration de 1682. que ceux qui seroient à l'avenir pourveûs en regale de Doyennez, Penitenceries, Theologales, & autres Benefices ayant charge d'ames, ou jurisdiction spirituelle, fussent tenus de se présenter aux Vicaires Géneraux des Chapitres, le siege vacant, pour en obtenir l'approbation & mission canonique.

Réponse à la possession de la jurisdiction Episcopale.

CEtte pretenduë jurisdiction est une usurpation manifeste, contre les propres titres de Madame l'Abbesse de Joüarre. Elle n'a ni concession des Evesques ni Bulles des Papes, qui luy en permettent l'éxercice. Elle a observé qu'elle estoit qualifiée par le Chapitre *Dilecta : De excessibus Prælatorum : Caput & Patrona Clericorum Jotrensis Ecclesiæ :* & que ce terme *Caput*, estoit expliqué par les Canonistes, d'une jurisdiction Episcopale. Mais elle n'a point dit le nom de ces Canonistes ; & quelque recherche qu'on en ait faite, l'on n'en a point trouvé qui luy ayent donné cette signification. Il ne veut rien dire autre chose, sinon qu'elle est la mere de famille dans l'Abbaye de Joûarre. Il n'est point question dans ce chapitre, d'aucune jurisdiction spirituelle qui luy appartienne : il s'y agit simplement de sçavoir si les Chanoines de Joûarre auront un sceau particulier. L'Abbesse soutient qu'ils ne sont que membres de son Monastere ; & le Pape députe des Commissaires pour leur faire défense de fabriquer un sceau. C'est toute la décision de ce texte, dans lequel, ni dans la glose, il n'est point dit que l'Abbesse ait aucune jurisdiction.

Madame l'Abbesse de Joûarre a encore cité le chapitre, *Dilecta : De majorit. & obed.* où il est parlé d'une jurisdiction prétenduë par l'Abbesse de Quedeluburg en Allemagne. C'est un éxemple qui ne peut pas luy servir de titre, & qui n'a pas mesme de rapport à sa prétention ; car cette Abbesse n'avoit point d'Officialité. Il est dit dans le texte, qu'elle ne pouvoit excommunier les Clercs de sa jurisdiction : *Eadem Abbatissa eos excommunicare non potest :* son pouvoir ne s'étendoit point sur un Curé & sur un Peuple : il estoit réduit à suspendre ses Clercs, en cas de desobeïssance, de leurs Bénéfices, & de l'entrée du Chœur. C'estoit une Abbesse qui en usoit comme une mere de famille qui éxerce une jurisdiction correctionnelle sur des Clercs qui estoient ses Aumosniers, qu'elle privoit pour un temps de leurs distributions & de l'entrée du Chœur. Sur quoy les Canonistes remarquent, qu'elle ne pouvoit pas les suspendre de la fonction de leurs Ordres, & qu'il faut extrémement distinguer la suspension des Benefices qu'elle conferoit, de la suspension des Ordres qu'elle ne leur avoit pas donnez.

Madame l'Abbesse de Joûarre a encore fondé sa jurisdiction sur l'éxemple de Madame l'Abbesse de Fontevrauld, qui peut visiter les Convents de son Ordre, choisir les Confesseurs, & excommunier les Religieux & les Religieuses. Mais que luy servent ces éxemples, puis qu'elle n'a pas les mesmes privileges ni les mesmes prétentions? Car Madame l'Abbesse de Fontevrauld ne confere point de Cures de plein droit, n'a point d'Officialité, & n'éxerce point de jurisdiction Episcopale sur un Clergé & sur un Peuple: c'est une Génerale d'Ordre, la puissance est bornée aux Religieux & aux Religieuses qui ont fait profession dans son Ordre, qui est fondée en Bulles & en Lettres Patentes registrées au Grand Conseil: & Madame l'Abbesse de Joüarre n'a ni Bulles ni Lettres Patentes.

Mais outre qu'elle n'a ni Bulles ni Lettres Patentes, il est constant que le Cardinal Romain qui l'a declarée sujette immediatement au Pape, & éxempte de l'Ordinaire, n'a point ordonné par sa Sentence, qu'elle auroit jurisdiction sur le Clergé & sur le Peuple. La Decretale, *Ex parte: De privilegiis,* où les Abbesses ont exposé au Pape qu'elles dépendoient immediatement du Saint Siege, ne fait point mention qu'elles eussent jurisdiction sur un Clergé & sur un Peuple; de sorte qu'il est non-seulement vray de dire qu'elle n'a point de titre pour établir sa jurisdiction; mais la jurisdiction qu'elle prétend est contraire à ses propres titres: c'est une usurpation manifeste.

Secundò. Il y a incapacité, de droit divin, en la personne d'une fille, pour aquerir une juridiction *quasi* Episcopale. Il n'en est pas de la Jurisdiction Ecclesiastique, comme des Hautes, Moyennes & Basses Justices annexées à une Terre. Les femmes sont capables, selon la pluspart des Coustumes, de posseder les Terres ayant dignité, la Justice qui en dépend leur appartient: elles peuvent commettre des officiers pour l'exercer. Il n'en est pas de mesme de la jurisdiction Episcopale, qui ne peut résider qu'en la personne de ceux qui ont les Ordres Sacrez. Les Evesques ont besoin d'une consecration particuliere pour l'exercer par eux-mesmes & par leurs Vicaires: & l'on prétendra que les femmes qui ne sont pas seulement capables d'allumer les cierges dans l'Eglise, qui n'y ont leur place qu'à l'extrémité de la Nef, pourront monter jusques au Sanctuaire, en chasser l'Evesque,

& y prendre sa place? qu'une Abbesse sera le Pasteur d'un peuple, le Predicateur & le Confesseur, contre le precepte de l'Apostre qui luy enjoint de se taire dans l'Eglise: *Mulier in silentio discat cum omni subjectione: docere autem mulieri non permitto, neque dominari in virum; sed esse in silentio.*

On dit que Madame l'Abbesse de Joüarre éxerce cette jurisdiction par des Vicaires. Mais comment leur peut-elle communiquer un pouvoir dont elle est incapable, & dont elle n'a point de titre? Elle éxerce les principaux actes de cette jurisdiction en son nom, puis qu'elle confere la Cure en son nom, pourvoit un Official, un Promoteur, & un Greffier; commet des Vicaires Generaux; érige en son nom des titres de Chapelles; & fait en son nom des reglemens generaux de discipline. Ce sont autant de nouveautez monstrueuses, contre lesquelles M. l'Evesque de Meaux peut employer le chapitre, *Nova: De pœnitentiis. Nova quædam nuper, de quibus miramur non modicum, nostris sunt auribus intimata; quòd Abbatissæ videlicet in Burgen. & Palentin. Diœcesibus constitutæ, Moniales proprias benedicunt, ipsorumque confessiones criminalium audiunt, & legentes Evangelium præsumunt publice prædicare. Cùm igitur id absonum sit pariter & absurdum, nec à nobis aliquatenus sustinendum; discretioni vestræ per Apostolica præcepta mandamus, quatenus ne id de cætero fiat, auctoritate curetis Apostolica firmiter inhibere. Quia, licet Beatissima Virgo Maria dignior & excellentior fuerit Apostolis universis, non tamen illi, sed istis Dominus claves regni cælorum commisit.*

Tertiò. Il n'y a point de Lettres Patentes qui ayent permis l'érection d'un Siege d'Officialité à Joüarre; & ainsi, comment soutenir une jurisdiction aussi extraordinaire contre le droit public, sans aucune concession de la part de l'Eglise, ni aucune confirmation de la part du Roy?

Quartò. La Sentence du Cardinal Romain estant abusive, tous les actes de possession qui s'en sont ensuivis le sont pareillement.

Aprés avoir expliqué ces moyens de droit, il est important avant que de finir, d'observer que l'usurpation de cette jurisdicton a augmenté de jour en jour; car les Abbesses n'ont commencé à faire tenir des Synodes, qu'en 1637. le plus ancien qui soit rapporté n'est que de cette année.

Elles ont aussi commencé en 1642. à faire délivrer des Monitoires par leur Official.

Elles ont commencé en 1629. à faire des Mandemens pour la publication des Jubilez, & pour ordonner des Prieres de quarante-heures; ce sont-là les principaux actes de la jurisdiction Episcopale dont elles n'avoient point d'exercice avant les temps cy-dessus marquez, depuis lesquels elles n'ont pu en aquerir la prescription sans titre; & contre le droit commun.

Il n'y a point de Sentences renduës en l'Officialité de Joûarre qui ayent déposé des Prestres de leurs fonctions, qui les ayent privez du titre de leurs Bénéfices, ou déclarez irréguliers, & imposé les autres grandes peines canoniques; il n'y a que des corrections légeres; & si les Abbesses sont en possession d'une Officialité, ce n'est pas à dire qu'elles soient en possession de la jurisdiction Episcopale: les Archidiacres de Chartres & de plusieurs autres Dioceses, ont esté maintenus au droit d'avoir un Official, Promoteur & Greffier, pour connoistre des cas legers, à la charge de l'appel à l'Evesque; & cependant ils n'ont pas jurisdiction Episcopale.

C'est une des raisons pour lesquelles Madame l'Abbesse de Joûarre ne sçauroit pas appliquer à sa cause la disposition du Concile de Trente, *Sess. 25. cap. 11. De Regularibus*, où toutes les Cures sont soumises à la jurisdiction des Evesques, à la réserve de celles où les Abbez Généraux d'Ordre ont leur Siége principal, & les Monasteres ou Maisons, *In quibus Abbates aut alii Regularium Superiores jurisdictionem Episcopalem & temporalem in Parochos & Parochianos exercent.* L'exception contenuë dans ce chapitre ne comprend point les Abbesses: elle ne parle que des Abbez; & ainsi il ne faut pas étendre sa disposition contre le droit commun hors son cas.

Elle oppose deux Sentences, l'une renduë par le Bailly de Meaux le 9. Septembre 1496. l'autre donnée par le mesme Bailly le 12. Aoust 1502. A l'égard de la premiére, c'est un abus manifeste, parce qu'elle *casse & annulle, & met du tout au néant une Sentence d'excommunication* prononcée par le Doyen rural de la Ferté Aucol; c'est ce que le Juge Royal ne peut faire, d'autant qu'il n'est point le supérieur du Juge Ecclésiastique, pour mettre au néant une excommunication : & cette Sentence n'ayant point esté renduë avec les prédecesseurs de M. l'Evesque de Meaux, elle ne peut estre tirée à conséquence contre luy.

L'autre Sentence prononce un defaut contre le Procureur & l'Avocat de l'Evesque qui ont dit *ne sçavoir ou vouloir aucune chose dire ou proposer pour empescher le defaut :* c'est qu'ils n'avoient point charge d'occuper; surquoy le Juge a donné defaut, & pour le profit, maintenu les Religieuses en leurs possessions : c'est une Sentence par defaut qui n'a jamais esté signifiée, & dont par conséquent il n'est point permis d'argumenter.

Les prérogatives de la jurisdiction Episcopale prétenduë par Madame l'Abbesse de Joüarre ne sont pas moins extraordinaires que la jurisdiction mesme. Les jugemens qui s'y rendent sont en dernier ressort : il est sans exemple qu'il y en ait jamais eû aucun appel interjetté ni à Rome, ni à l'Evesque de Meaux.

Elle a communiqué un Registre de Collations & Présentations commençant en 1550. & finissant en 1593. il n'y a pas un seul témoin qui ait signé la minute des Provisions; & le Registre des causes de l'Officialité commençant en 1509. n'est signé, ni paraphé d'aucun Juge ni Greffier, en sorte que l'on n'auroit pas sçeû que ce fust un Registre de causes, si le Greffier de cette Officialité n'avoit mis un certificat au pied, depuis la plaidoirie commencée, pour faire sçavoir la qualité du livre.

Pour les corrections qui se font dans cette Officialité, quelques curieuses qu'elles soient, M. l'Evesque de Meaux n'en parlera point. Il remarquera seulement que Madame l'Abbesse de Joüarre ne doit pas se prévaloir de la Sentence du Bailly de Meaux, par laquelle il renvoya le 29. Septembre 1546. Maistre Jacques Bruslefer devant l'Official de Joüarre : c'est un jugement donné sans que l'Evesque y ait esté

esté oüi ni appellé ; il ne sert qu'à faire voir que depuis ce renvoy ce Prestre demeura dans l'impunité, son procés ne luy fut point instruit. Il en est de mesme d'un Arrest du 3. Decembre 1648. par lequel Nicolas de Vert Chanoine fut renvoyé en l'Officialité de Joüarre. C'est un Arrest rendu sur un sommaire, sans que l'Evesque y ait pareillement esté oüi ni appellé, & sans conclusions de M. le Procureur général. Il faut ajouster que depuis ce renvoy, il n'y a eû aucune Sentence de correction contre cét Ecclésiastique.

Madame l'Abbesse de Joüarre a remarqué dans sa Replique qu'elle avoit plusieurs Arrests du Conseil & du Grand Conseil, qui la maintenoient en diverses prérogatives appartenant à sa dignité d'Abbesse. M. l'Evesque de Meaux represente de son costé, que ces Arrests ordonnent seulement que les comptes de la Maladrerie de Joüarre seront rendus à l'Abbesse ; que l'Abbesse pourra faire célebrer les Messes Conventuelles & Offices par d'autres Prestres que par les Chanoines de Joüarre : il ne s'agit point de jurisdiction ; & ainsi ce sont pieces inutiles pour la Cause.

Reste à observer que la Transaction rapportée, à l'insceû de M. l'Evesque de Meaux, par Madame l'Abbesse de Joüarre, & passée le 21. Février 1682. avec Madame l'Abbesse de Faremontier, ne peut pas estre déclarée commune avec Madame l'Abbesse de Joüarre ; parce que la condition du Monastere de Faremontier & de celuy de Joüarre est différente : celuy-là estoit aggregé, par Lettres Patentes registrées au Grand Conseil, à l'Ordre de Cluny ; celuy-cy n'est uni à aucune Congrégation, ni en état de s'y unir : celuy-là n'avoit pas besoin de réforme ; on convient que celuy-cy en a grand besoin ; & pour y proceder, il est nécessaire que l'autorité de l'Evesque ne soit pas restrainte par des privileges ; qu'il ait la liberté de choisir des personnes capables d'y travailler sous luy, & ne soit pas réduit à se servir de ceux qui luy seroient présentez.

M. NOÜET le Jeune, Avocat.

SOMMAIRE DE LA CAUSE.

PROCEDURE.

CE qui a donné lieu à la contestation, est une Information de l'Official de Meaux à la Requeste du Promoteur, contre Madame l'Abbesse de Joüarre pour raison de ses fréquentes sorties sans permission ; suivie d'un Decret pour estre oüie, qui a esté converti en ajournement personnel sur le refus de subir l'interrogatoire, avec défenses de sortir sans permission sous les peines de droit.

Pour éluder cette procedure, Madame l'Abbesse de Joüarre a formé sa demande en complainte contre les officiers de l'Officialité, qu'elle a portée aux Requestes du Palais en vertu de son Committimus, & y a obtenu Sentence du deux Juillet, qui casse le Decret de l'Official ou Vicegerent, avec défenses de passer outre, & permet d'emprisonner en cas de contravention.

M. l'Evesque de Meaux a pris le fait & cause pour ses Officiers, & obtenu Arrest qui le reçoit appellant : fait défense d'executer la Sentence, & ordonne que la procedure commencée à l'Officialité sera continuée.

Il a ensuite donné Requeste à fin d'évocation du principal, qui est la demande en complainte de Madame l'Abbesse de Joüarre ; & aprés y avoir fourni de défenses, la cause a esté mise au rôlle.

Depuis, M. l'Evesque de Meaux en plaidant a appellé comme d'abus d'une Sentence du Cardinal Romain, en ce qu'elle déclare le Monastere, le Clergé & le Peuple de Joüarre, éxempts de sa jurisdiction : & il y a eû Arrest à l'Audience qu'on plaideroit sur le tout.

Question unique à juger, si en infirmant la Sentence des Requestes du Palais, M. l'Evesque de Meaux sera maintenu en toute jurisdiction sur lesdits Monastere, Clergé & Peuple.

Quant à la Sentence des Requestes du Palais, on voit bien qu'elle est insoutenable. En la forme ; Messieurs des Requestes ne sont point Juges competens des Sentences émanées des Officialitez : Au fonds ; s'agissant de discipline, ils n'auroient pu surseoir l'execution de la procedure. Il en faut donc venir au fonds.

DEUX MOYENS DU FONDS.

1° Que le Monastere de Joûarre n'a aucun Titre ni Privilege. 2° Que quand il en auroit eû, ils sont révoquez.

ON ne prétend pas déduire ces moyens tout au long ; on l'a fait dans les Mémoires précedens : mais seulement les remettre devant les yeux de Messieurs, & faire voir qu'on peut tout trancher par un Arrest.

PREMIER MOYEN.

Que le Monastere de Joûarre n'a aucun Privilege.

LA maxime est constante, que toute éxemption doit avoir le concours des deux puissances ; il y faut donc également un Privilege, & des Lettres Patentes : & dans le fait, il est constant que le Monastere de Joûarre ne produit ni l'un ni l'autre.

Déja pour Lettres Patentes, ni on n'en produit, ni on ne produit aucune piece où elles soient énoncées. L'Arrest de 1631. parle de Lettres Patentes ; mais la Partie adverse est demeurée d'accord en plaidant, que ce n'estoit pas des Lettres Patentes pour confirmer le Privilege ; & en effet, on les representeroit encore si elles avoient esté alors.

Il n'est point question de présumer ce qui n'est ni produit ni énoncé nulle part : sur tout dans une matiere de droit étroit, & encore d'un droit odieux, où il faut des preuves constantes, & non pas des présomptions.

Voilà donc déja la question jugée par le seul defaut de Lettres Patentes.

Mais il n'y a non plus de Privilege : le chapitre, *Ex parte,* n'est pas un Privilege ; il ne contient qu'une simple énonciation d'un Privilege ; mais en confusion, sans mesme en dire la date, ni de quel Pape il est, sans legitime contradicteur : *Quia tandem nullus apparuit idoneus responsalis, qui partem de-*

fenſaret adverſam ; & avec expreſſe déclaration du Pape, qu'il laiſſoit les Parties au meſme état où elles eſtoient avant l'énonciation & le renouvellement de ce Privilege : *Ita ut non plus juris accreſcat.*

La Sentence du Cardinal Romain n'eſt pas un Privilege, ni n'équipolle à un Privilege. Ce Cardinal n'avoit pas le pouvoir d'affranchir un Monaſtere, ni de valider un Privilege qu'Innocent III. avoit laiſſé indécis : il ne l'énonce qu'en termes généraux, *inſpectis Privilegiis ;* ainſi on ne ſçait encore ce que c'eſt. La Sentence ne luy donne point d'autorité : 1° parce qu'elle eſt abuſive : 2° ce n'eſt qu'un acte particulier dans une affaire de droit public : 3° elle eſt demeurée ſans exécution.

Abuſive : 1° en ce que ce Cardinal a autoriſé un Privilege ſans Lettres Patentes. 2° on a veû les Privileges des Religieuſes, *inſpectis Privilegiis :* on n'énonce nulles pieces de la part de l'Eveſque : il y en avoit cependant, qu'on a imprimées ; ainſi l'Eveſque a eſté mal défendu. 3° Toutes les Parties n'ont pas eſté appellées, & on n'y fait nulle mention du Métropolitain ni du Primat qui avoient pareil intereſt que l'Eveſque, à la juriſdiction dont on éxempte le Monaſtere.

Cette Sentence eſt un acte purement particulier. Ce Cardinal n'avoit point de pouvoir du Pape pour cela : il n'agit pas comme Legat, mais en vertu du pouvoir donné par les Parties : pouvoir inſuffiſant en matiere de droit public, dont les Parties ne pouvoient diſpoſer.

Il ne ſert de rien que le Cardinal ait prononcé du conſentement des Parties : car au contraire, c'eſt ce qui fait voir que la Sentence n'a force que de tranſaction entre particuliers. On ne pouvoit remedier à ce defaut que par une homologation : il n'y en a point, & n'y en eût jamais : donc la Sentence demeure deſtituée de toute puiſſance publique, dans une matiere purement de droit public ; ce qui emporte dans le principe la nullité la plus eſſentielle, & dans l'exécution le plus grand abus.

Cette Sentence n'a jamais eſté executée par les Religieuſes : elles n'ont jamais appellé l'Eveſque à donner la Confirmation; à consacrer les Eglises; à benir les filles: au mépris de l'Evesque & de la Sentence qui les y obligeoit.

La Sentence n'a pas mesme esté exécutée par les Religieuses en ce qui regarde l'exemption; car l'exemption dit deux choses: ne pas reconnoistre l'Evesque, & estre soumises au goüvernement du Pape. Ce dernier chef a esté sans exécution, puis que depuis la Sentence on ne produit aucun acte de jurisdiction que le Pape ait exercé par luy-mesme, ni par ses deleguez ou subdeleguez: ainsi nulle exécution de la part des Religieuses de l'article principal de leur Sentence. Ce qu'elles ont fidellement exécuté, c'est de n'avoir point de Superieur qui les gouvernast; ce qui est le comble de l'abus.

Il résulte de ce que dessus un autre abus dans leur prétendu Privilege. L'exemption, dit Saint Bernard, est une injustice où l'on dépoüille l'Evesque, le Métropolitain, le Primat de ce qui leur appartient par le droit divin, par les Conciles Oécuméniques, & par leur caractére: on ne peut couvrir cette injustice qu'en prenant leur consentement, ou du moins en les appellant, comme il a toûjours esté fait. Mais on les a méprisez dans ce Privilege; il est donc nul & abusif. Tout cela est clair & fondé sur des maximes constantes.

S. Bern. de Consid. lib. 3. c. 4.

Si le Monastere de Joüarre a une legitime possession.

IL est constant que non par toutes les maximes. 1° Parce que sa possession est sans titre dans une matiere où il en faut un nécessairement. 2° Parce qu'on a veû que les Convent & Religieuses ne sont en aucune possession d'estre gouvernées par le Pape; mais seulement de n'avoir aucun Superieur, qui est une possession manifestement abusive & reprouvée par les chapitres du Droit, *Cùm non liceat:* & *Cùm ex Officio: De præscript.*

Les actes de possession qu'on produit sont, 1° Des consentemens des Evesques, dont il est constant par le Droit que la négligence ne peut préjudicier à leur caractére ni à leurs successeurs. 2° Des Sentences renduës dans un temps où le privilege n'estoit pas contesté, & sans que le droit de l'Evesque soit défendu par un legitime contradicteur. 3° L'Arrest de 1631. où ni l'Evesque ni ses officiers n'estoient en cause; où il ne s'agissoit pas de l'exemption, mais d'une Sentence donnée en matiere decimale par l'Official de Meaux, & où il est dit seulement qu'il y a abus.

Ajoûtons que si on a égard à cette possession, il faudra autoriser les Abbesses à violer la closture, en sortant & faisant sortir les Religieuses sans permission; ce qui est de tous les abus celuy qui est le plus réprouvé par les Canons: & encore autoriser le Monastere dans l'usage d'estre acephale & sans Superieur legitime, en sorte que leur possession n'est qu'entreprise & usurpation: *corruptela, non consuetudo,* comme parlent les Canons.

SECOND MOYEN.

Quand les Religieuses auroient un Privilege, il est révoqué.

C'Est icy le moyen décisif qui ne consiste qu'en deux mots.

L'Article VII. de l'Ordonnance d'Orleans soumet absolument & indistinctement tout Monastere exempt & non exempt aux Archevesques & Evesques.

L'Ordonnance de Blois, en entrant dans l'esprit du Concile de Trente, *de Ref. Sess. 25. cap. 9.* ne soumet aux Evesques que les Monasteres exempts, qui ne seront point en congrégation, & leur donne un an pour s'y mettre.

Le terme écheû, l'Evesque rentre pleinement dans son droit sans formalité ni procedure: c'est à quoy on en vouloit venir, pour ramener les choses en leur état naturel, & mettre fin aux scandales causez par les exemptions, qui faisoient crier toute la Chrétienté depuis trois cens ans.

Le Concile de Trente avoit dit: *Monasteria .... ab Episcopis .... gubernentur:* c'est ce que l'Ordonnance exprime: *Il y sera pourveû par l'Evesque*, c'est-à-dire, qu'il sera pourveû à *faire Statuts, & commettre Visitateurs*, aux termes de l'Ordonnance.

Le Concile de Trente & l'Ordonnance n'ont fait que

rappeller la discipline déja ordonnée au Concile Oecuménique de Vienne en 1312. dans la Clementine, *Attendentes : De statu Monachorum. Ut Monasteria Monialium per ordinarios ; exempta quidem Apostolicâ, non exempta vero ordinariâ auctoritate debeant visitari.* C'est le decret d'un Concile Oécuménique confirmé par un autre Concile Oécuménique, qui est celuy de Trente constamment receû en ce point par l'Ordonnance, à l'exception de la clause : *tamquam Sanctæ sedis .... delegatis,* qui ne convient pas à nos mœurs.

On ne peut donc plus alleguer ni le chapitre, *Ex parte* : ni la Sentence du Cardinal Romain, ni la possession des Religieuses, ni la negligence des Evesques, puis que deux Conciles Oécumeniques ont prononcé, *nonobstantibus quibuscumque.*

Dans le fait, en exécution de ces deux Conciles, le Pape qui les a receûs & approuvez, s'est actuellement demis du gouvernement de ces Monasteres : il n'y pourvoit en aucûne sorte, & s'en tient absolument déchargé sur les Evesques : donc ou par abdication, ou par abandonnement des Papes, les Evesques sont tenus à faire leur charge.

Si l'on peut donner du temps aux Monasteres pour se mettre en congregation.

IL est bien certain que non : pour deux raisons décisives. 1° Le terme donné par l'Ordonnance est expiré ; il faudroit des Lettres du Roy pour estre restitué contre le laps du temps. On n'en produit point ; on n'en a pas mesme demandé depuis le temps que dure cette cause ; parce qu'on sçait que le Roy n'en veut point donner, ni rien changer en l'état où l'affaire est à present. 2° Il n'y a point de lieu à l'aggregation, au préjudice de l'Evesque qui est rentré dans son droit & l'exerce actuellement. Ainsi jugé par l'Arrest de la Grenetiere au profit de M. l'Evesque de Luçon le 10. Janvier 1679. leû à l'Audience, & communiqué aux Parties qui n'y ont rien repliqué. 3° Quand il y auroit des Lettres Patentes, elles reserveroient le droit de l'Evefque, & ce ne seroit qu'un nouveau procés. Il vaut donc mieux trancher à present la question en l'état où elle est.

Le Bref de M. l'Archevesque de Paris & celuy d'Hiere.

ON dit que le Monastere de Joûarre est actuellement sous la superiorité de M. l'Archevesque de Paris, par un Bref que le Roy mesme a impetré, & dont il a ordonné l'exécution par un Arrest du Conseil : ce qui n'a rien d'abusif, puis que le Roy & la Cour ont bien receû un pareil Bref en faveur du Monastere d'Hiere.

Mais la réponse est aisée : le Bref de M. l'Archevesque de Paris est demeuré sans éxecution, ni intimation au Monastere de Joûarre, pour faire connoistre, non-seulement à l'Abbesse, mais encore aux Religieuses, le Superieur auquel elles devoient avoir recours. Il n'y a ni subdelegation, ni visite, ni citation, ni aucun acte juridique de la part de M. l'Archevesque de Paris. Des lettres de compliment ou en termes généraux ne sont pas une acceptation ni une éxécution legitime : le Bref est suranné : le délegant qui est le Pape est mort avant que le delegué ait rien exécuté : par conséquent la commission, nulle par le droit. Il n'y a point de Lettres Patentes, & on n'en a point demandé depuis dix ans, parce qu'on sçait que le Roy n'en veut point donner ; & maintenant il n'y a plus de lieu à ces Lettres contre le droit aquis à l'Evesque qui fait actuellement sa charge : droit auquel le Roy ne veut point déroger.

C'est ce qui montre la difference du Monastere d'Hiere, où l'Evesque ne reclamoit point le Monastere, & ne faisoit rien.

Le Bref d'Hiere estoit soutenu de Lettres, & celuy-cy non.

Le Bref d'Hiere est obtenu par les Religieuses, & c'est leur propre piece : celuy-cy n'est pas au pouvoir des Religieuses de Joûarre ; mais en celuy de M. l'Archevesque de Paris, qui ne s'en sert point : qui ne revendique point sa jurisdiction ; qui laisse ce Bref inutile dans son Secretariat d'où il l'a fallu compulser ; qui trouve plus digne de luy de demeurer le Supérieur naturel du Monastere de Joûarre par son titre de Métropolitain que par une commission empruntée.

Sur la jurisdiction active.

SI l'Abbesse de Joûarre est soumise, comme elle ne le peut éviter par les deux moyens précédens, sa jurisdiction active tombe avec son exemption; estant contradictoire qu'une personne soumise exerce une jurisdiction indépendante.

D'ailleurs, il est bien constant par les propres titres des Religieuses, c'est-à-dire, par le Privilege énoncé dans le chapitre, *Ex parte*, & par la Sentence arbitrale, qu'il n'y est attribué à l'Abbesse aucune jurisdiction sur le Clergé & le Peuple. Il est bien dit dans la Sentence du Cardinal Romain, que ce Peuple & ce Clergé sont soumis immédiatement au Pape : mais le Pape n'a pas transmis son autorité à l'Abbesse. Sa Sentence ne luy attribuë ni le droit de s'ériger un tribunal & une officialité, ni celuy d'instituer & destituer des Prestres; de leur conferer le droit d'administrer les Sacremens, & de prescher la parole de Dieu, ni d'éxercer comme elle fait toutes les fonctions Pastorales. Elle a usurpé tout cela par entreprise.

De là il resulte clairement, que l'Abbesse n'a pû prescrire cette jurisdiction active, ni s'aider de sa prétenduë possession, parce qu'elle est de mauvaise foy, & contre son propre titre par un attentat manifeste sur le Pape, qu'elle dit estre son Supérieur immédiat. D'ailleurs, pour ériger un tribunal, avoir des prisons, & le reste, il faudroit des Lettres Patentes, & il n'y en a point icy.

Et enfin, l'Abbesse ne peut prescrire cette jurisdiction, parce qu'elle en est incapable. L'Abbesse de Montivilliers a quelque jurisdiction, qui néanmoins luy est contestée, quoy-qu'elle soit subordonnée à celle de l'Archevesque de Roûën son diocesain. L'Abbesse de Fontevrauld éxerce aussi quelque jurisdiction sur ses Religieux & Religieuses dans l'intérieur de son Ordre, subordonnément à un Visiteur qu'on luy élit de trois ans en trois ans hors de son Ordre dans le Chapitre general où il y a des députez de toutes les Maisons. Madame l'Abbesse de Joûarre est la seule qui ait un Clergé & un Peuple; la seule qui ait usurpé la pleine juriſdiction Epiſcopale; qui l'exerce plus indépendamment que les Eveſques, qui ont ſur eux des Métropolitains & que les Métropolitains qui ont ſur eux des Primats. Elle ſeroit donc un vray Paſteur contre tout droit divin & humain, & contre la ſujétion que Saint Paul ordonne à ſon ſexe, *Mulieres in Eccleſia taceant.* Ainſi, quand on conſerveroit tous les autres Privileges, il faudroit anéantir celuy-cy le plus exceſſif & le plus inſupportable de tous.

Il y a lieu de le faire par un ſeul Arreſt, puis que tous les faits ſont conſtans. Les pieces eſſentielles ſont entre les mains de tous les Juges : les maximes de droit ſont connuës & indubitables. Il n'y a plus qu'à apporter un prompt remede à des maux qui en ont beſoin, & de renvoyer un Eveſque dans ſon Dioceſe, & des Religieuſes dans leur retraite.

ARREST

DE LA COUR DE PARLEMENT, QUI DECLARE

l'Abbesse & les Religieuses de l'Abbaye de Joûarre, le Clergé, Chapitre, Curé, Peuple & Paroisse dudit lieu, sujets à la Jurisdiction & Visite de l'Evesque de Meaux.

Du 26. Janvier 1690.

EXTRAIT DES REGISTRES de Parlement.

ENTRE Dame Henriette de Lorraine Abbesse de l'Abbaye de Joûarre Ordre de Saint Benoist, Diocése de Meaux, Demanderesse aux fins de l'Exploit fait aux Requestes du Palais le 17. Juin 1689. à ce qu'elle ait acte de la complainte par elle formée par ledit Exploit contre l'Official & Promoteur de Meaux : ce faisant il soit dit qu'elle sera maintenuë & gardée en la possession & joüissance, en laquelle elle est de l'exemption de toute Jurisdiction de l'Evesque de Meaux : avec défenses de l'y troubler, à peine de tous dépens, dommages & interests; & afin de dépens Intimée, Défenderesse & Opposante à l'execution de l'Arrest du 22. Juillet 1689. suivant sa réponse à la signification dudit Arrest du 4. Aoust ensuivant, d'une part. Et Messire Jacques Bénigne Bossuet Evesque de Meaux, Conseiller du Roy en ses Conseils, cy-devant Précepteur de Monseigneur le Dauphin, Premier Aumosnier de Madame la Dauphine, prenant le fait & cause de ses Official & Promoteur en l'Evesché de Meaux, Défendeur à ladite demande & opposition, & Appellant de la Sentence obtenuë sur Requeste judiciaire par ladite Dame Abbesse de Joüarre, ausdites Requestes du Palais le 2. dudit mois de Juillet 1689. portant cassation de la procedure extraordinaire contre elle faite en ladite Officialité de Meaux, citation, & tout ce qui s'en est ensuivi; & Demandeur en Requeste presentée à la Cour le 12. Novembre 1689. à ce qu'en infirmant ladite Sentence de cassation, il luy fust donné acte de ce qu'il employe le contenu en sadite Requeste pour défenses à la demande en complainte formée aux Requestes du Palais par l'Abbesse de Joüarre : ce faisant qu'il plust à la Cour évoquer le principal différend des Parties pendant ausdites Requestes du Palais; & y faisant droit, sans avoir égard à ladite demande en complainte, le maintenir & garder au droit de la Jurisdiction Episcopale sur le Monastére, Abbesse, & Religieuses de Joüarre; ensemble sur le Collége & Chanoines, Curé & Prestres habituez dudit Joüarre, & faire défenses à ladite Abbesse de plus l'y troubler; & pour l'avoir fait, la condamner aux dépens, d'autre part. Et entre ledit Sieur Evesque de Meaux appellant comme d'abus de la Sentence renduë par le Cardinal Romain en l'année 1225. en ce que par icelle le Monastere, le Clergé & le Peuple de Joüarre sont déclarez exempts de la Jurisdiction de l'Evesque de Meaux, d'une part; & ladite Dame Abbesse de Joüarre Intimée, d'autre part. Et encore, entre ladite Abbesse de Joüarre Demanderesse en Requeste du 9. Janvier 1690. à ce qu'en déclarant ledit Sieur Evesque de Meaux non recevable en son appel comme d'abus & en sa complainte, & en adjugeant à ladite Dame Abbesse les autres fins & conclusions par elle prises, il fust ordonné que le Bref du Pape innocent XI. du 7. Février 1680. qui a établi l'Archevesque de Paris Supérieur & Visiteur de ladite Abbaye de Joüarre, & l'Arrest du Conseil d'Etat du 27. Avril ensuivant qui en a ordonné l'exécution, seroient entant que de besoin executez de l'autorité de la Cour, d'une part : & ledit Sieur Evesque de Meaux Défendeur, d'autre; sans que les qualitez puissent nuire ni préjudicier aux Parties. Aprés que Noûët le jeune pour l'Evesque de Meaux, & Vaillant pour l'Abbesse de Joûarre ont esté oüis pendant sept Audiences; ensemble Talon pour le Procureur General du Roy, qui a dit qu'il y a lieu entant que touche l'Appel simple, mettre l'appellation, & ce dont est appel au néant. A l'égard de l'appel comme d'abus, dire qu'il a esté mal, nullement, & abusivement statué, & ordonné : faisant droit sur les complaintes, sans s'arrester aux Requestes de ladite Dame Abbesse de Joûarre, maintenir l'Evesque de Meaux au droit de jurisdiction & visite sur l'Abbaye, sur le Clergé, & sur le Peuple de Joûarre, laquelle jurisdiction sera par luy éxercée aux mesmes clauses & conditions portées par la Transaction passée entre luy & l'Abbesse de Faremoustier le 21. Février 1682. ce faisant l'Abbesse de Joûarre demeurera à l'avenir déchargée de la redevance de dix-huit muids de grain mentionnée dans la Sentence de 1225. sans restitution des arrérages du passé. La Cour ordonne qu'elle en délibérera sur le Registre; & aprés en avoir délibéré, ladite Cour entant que touche l'appel interjetté par la Partie de Noûët de la Sentence renduë aux Requestes du Palais le 2. Juillet 1689. a mis & met l'appellation & ce dont a esté appellé au néant. Emendant, évoque le principal; & y faisant droit, ensemble sur l'appel comme d'abus, dit qu'il a esté mal, nullement & abusivement procedé, ordonné & éxecuté; & en consequence, & suivant les Saints Canons & les Ordonnances, maintient la Partie de Noûët, & ses successeurs Evesques de Meaux au droit de gouverner le Monastere de Joûarre, & d'y éxercer leur jurisdiction Episcopale, tant sur l'Abbesse & Religieuses, que sur le Clergé, Chapitre, Curé, Peuple, & Paroisse dudit lieu; de faire dans leurs visites & autrement les Statuts & Reglemens qu'ils estimeront les plus propres pour maintenir la discipline reguliére dans ledit Monastere, suivant la regle de son institution, & de les y faire garder & éxecuter. Ordonne que la Partie de Noûët sera tenuë de rapporter dans trois mois les Titres, mesme ceux anterieurs à la Sentence de l'année 1225. si aucuns il a, en vertu desquels il prétend que la redevance de dix-huit muids de grain à prendre ſur ladite Abbaye, appartient à ſon Eveſché ; pour aprés qu'ils auront eſté communiquez à la Partie de Vaillant, y eſtre fait droit ainſi qu'il appartiendra : & ſur le ſurplus des demandes des Parties, les met hors de Cour & de procez ; condamne la Partie de Vaillant aux dépens. FAIT en Parlement le vingt-ſixiéme Janvier mil ſix cens quatre-vingt-dix. Collationné. Signé, DU TILLET.

PROCÉS VERBAL DE VISITE.

EXTRAIT DU REGISTRE DES VISITES du Diocese de Meaux.

L'AN mil six cens quatre-vingts-dix, le Samedy 25. Février, Nous JACQUES BENIGNE par la permission divine Evesque de Meaux, sommes parti de la Ville de Meaux sur les huit heures du matin, accompagné de Me Jean Phelipeaux Prestre Docteur de Sorbonne, Chanoine & Tresorier de nostre Eglise, de Me Jean Corvisart Prestre Curé de Mareüil-lez-Meaux, Promoteur de nostre Cour Episcopale, & de Me François Ledieu Prestre Chanoine de nostre Eglise, nostre Aumosnier ordinaire, ensemble de nos autres Officiers & gens de nostre suite : Nous sommes transporté au Bourg de Joüarre, pour y faire la visite tant du Monastere que de la Paroisse dudit lieu, conformément à l'indication de ladite Visite par nous ordonnée estre faite sur les lieux, & à cette fin nos Mandemens & Ordonnances signifiez par Crétien Huissier Royal audit Meaux. Et estant arrivé à la Croix hors des portes du Bourg dudit Joüarre, aurions rencontré le Clergé de Joüarre, revestu de surpelis & camail, venu processionnellement avec Croix & Eau benite, & suivi d'un grand peuple. Ledit Clergé, tant Chanoines de l'Abbaye dudit Joüarre, que le Curé, Vicaire & autres Ecclésiastiques de la Paroisse dudit lieu : à sçavoir Me Gilles Lepreux ancien desdits Chanoines, Me Pierre de Verse, Henri de Belloy, Thomas Davenécourt, Jacques Bernage, & Denis Pinart tous Prestres & Chanoines de ladite Abbaye : desquels ledit Me Gilles Lepreux ancien, nous auroit déclaré tant en son nom qu'en celuy de sesdits confreres présens, faiſant la plus grande partie d'entre ceux qui eſtoient actuellement réſidens audit Joûarre, qu'ils nous recevoient avec joye & conſolation, parce qu'ils trouvoient en nous leur véritable Paſteur & Superieur, dont juſqu'alors ils avoient eſté privez au mépris de leur caractere, proteſtant qu'ils eſtoient preſts de nous rendre en cette qualité toute ſorte de ſoumiſſions & obeiſſances : ce que leſdits Chanoines ſes confreres auroient tous unanimement déclaré eſtre leurs véritables ſentimens. Aprés quoy Me Jacques Bernage l'un d'iceux & Curé de la Paroiſſe dudit Joûarre, s'eſtant avancé ſuivi de ſon Vicaire & Me d'école, reveſtu d'une étolle, qu'il auroit à l'inſtant quitée en ſe proſternant à nos pieds, puis nous en auroit reveſtu, diſant qu'il remettoit en meſme temps tout ſon pouvoir entre nos mains, & qu'il ne deſiroit l'éxercer deſormais qu'aprés l'avoir receû de nous, & ſous nos ordres. Sur quoy nous luy aurions répondu en préſence de tout le peuple, que nous luy rendions tous ſes pouvoirs, & luy enjoignions de continuër, comme il avoit fait cy-devant, d'adminiſtrer les Saints Sacremens, & annoncer la parole de Dieu, perſuadez qu'il en uſeroit ſelon les Saints Canons & les ordres qu'il recevroit de Nous. Puis nous nous ſerions acheminez proceſſionnellement vers l'Egliſe de la Paroiſſe, au chant du Répons *Benedictus*, & de l'Hymne *Te Deum laudamus*, & au carillon des cloches, ſuivi d'une grande multitude de peuple, & les ruës bordées de la pluſpart des Habitans à genoux pour recevoir la benediction Epiſcopale. Arrivez à l'Egliſe Paroiſſiale, nous y aurions eſté receûs par leſdits Curé, Vicaire & Chapelains, enſemble leſdits Chanoines toûjours préſens, avec les céremonies accouſtumées. Le *Te Deum* achevé, les Verſets & Oraiſons marquées à cét uſage auroient eſté chantées par ledit Curé, tandis que Nous faiſions noſtre priere ſur le prié-Dieu préparé au pied du grand Autel, où Nous ſerions enſuite monté pour le baiſer, & aurions donné la Bénediction ſolennelle. Puis aſſis ſur un Fauteüil aurions expliqué au peuple les raiſons de la viſite Epiſcopale, & expoſé ſuccinctement quel eſt le gouvernement Eccléſiaſtique établi par Jeſus-Chriſt le ſouverain Paſteur des ames, & reglé par les Saints Canons, leur indiquant

quant au surplus, que le jour suivant huit heures du matin, nous commencerions la visite, & la continuërions les jours suivans, avec toutes les fonctions de nostre ministere: exhortant les peres & meres d'envoyer leurs enfans au Catéchisme, auquel nous assisterions en personne, afin qu'estant asseûrez de leur capacité, nous leur pussions donner le Sacrement de Confirmation. Le peuple ainsi renvoyé en paix, nous sommes descendus au Presbytere de ladite Cure, où nous avons pris nostre logement. Où estant nous nous serions informé du nombre des Chanoines dudit Joüarre: sur quoy nous aurions appris qu'ils sont en tout treize Titulaires; six actuellement présens & cy-dessus nommez, plus deux jeunes Clercs estant aux études, & enfin cinq autres Prestres, sçavoir Me Loüis de la Vallée qu'on nous a dit estre de présent à Paris, Me Jean Baptiste Richer dont la Prébende est en litige, absent pour cette raison; Me Raphaël Gallot, Me Nicolas Rassicod, & Me Daniel de la Vallée dit Laburie, lesquels trois derniers on nous a asseûré estre dans le Bourg; sur quoy nous aurions donné ordre que lesdits Gallot, Rassicod & Laburie fussent avertis de se rendre auprés de nous, aujourd'huy cinq heures de relevée.

Et ledit jour, quatre heures de relevée, nous nous serions transporté, revestu de camail & rochet, accompagné de nosdits Ecclésiastiques & autres officiers comme dessus, au Monastere dudit Joüarre, dont la premiere porte nous auroit esté ouverte par un Suisse habillé de vert. Arrivez à la porte du Tour, aurions enjoint à la Tourriere du dehors d'avertir la Mere Prieure, la Dame Abbesse absente, que nous venions faire la visite conformément à nos Ordonnances & Mandemens signifiez à cét effet, que pour cette cause on eust à nous ouvrir les portes de l'Eglise & assembler la Communauté au Parloir pour recevoir nos ordres. Mais aprés avoir attendu quelque temps sans qu'on nous rendist autre réponse, sinon que personne du dedans ne paroissoit au Tour, nous aurions fait fraper à la porte de closture dudit Monastere: & par la petite grille de ladite porte la Prieure dudit Monastere auroit paru: A laquelle nous aurions déclaré, que conformément aux Saints Canons, & notamment aux décrets du Saint Concile de Trente, nous venions faire la visite, & luy aurions reiteré les ordres cy-dessus. A quoy elle auroit répondu, qu'elle ne pouvoit nous reconnoistre, attendu que ledit Monastere ne dépendoit d'autre Superieur Ecclesiastique, que de N. S. P. le Pape, dont elle & ses Sœurs attendoient la volonté : que quant à l'Arrest de la Cour de Parlement que nous leur aurions fait signifier audit Monastere, il n'avoit pas esté rendu avec la Communauté. Sur quoy luy ayant demandé, si la Communauté avoit d'autres moyens à alleguer ou titres à produire, que ceux alleguez & produits par ladite Dame Abbesse; elle nous auroit dit que non à la verité; mais qu'elles attendoient la volonté du Pape. Luy ayant ensuite demandé si ladite Communauté estoit avertie de nostre arrivée & presence, elle auroit répondu que oüi. Toutes lesquelles réponses ayant pris pour refus, & icelle Prieure interpellée, une, deux, & trois fois de nous obeir, sans en recevoir autre réponse que celle cy-dessus; nostre Promoteur present nous auroit requis, qu'il nous plust ordonner, qu'incessamment les portes nous fussent ouvertes pour proceder à ladite visite, sur les peines de droit : dont nous luy aurions donné acte. En mesme temps ladite Prieure s'estant retirée, sans attendre de nouveaux ordres; nous serions aussi retourné à nostre logement, pour de tout ce que dessus déliberer; dont & de quoy nous avons fait & dressé le present procés verbal, pour servir & valoir en temps & lieu, ainsi que de raison. Puis nous aurions ordonné que la procedure par nous commencée seroit continuée, & lesdites Prieure & Religieuses admonestées de nous obeir : & cependant, attendu leur desobéissance & contumace, nous aurions recours à la Cour de Parlement & imploration du bras séculier.

Et ledit jour sur le soir, nous aurions mandé Me Barthelemy de Rémond Prestre Confesseur en ladite Abbaye, & F. Basile Prestre Religieux de Saint Dominique preschant le Caresme en l'Eglise de ladite Abbaye, pour venir recevoir nos ordres sur les fonctions de leur ministere. Lesquels s'estant rendu auprés de nous, nous leur aurions declaré, qu'attendu la résistance & opposition à nos ordres de la part des

Prieure & Religieuses dudit Monastere, ne les jugeant pas en état de s'approcher des Sacremens, nous leur défendions ausdits de Rémond & F. Basile de confesser lesdites Prieure & Religieuses sans nostre permission speciale & par écrit, laquelle nous accorderions volontiers à celles par lesquelles nous en serions requis : qu'au surplus nous leur laissions la liberté de dire & chanter la Sainte Messe, ne voulant pas que le service de Dieu cessast ; & que quant à la prédication, nous permettions audit F. Basile de la faire, à condition que ce fust publiquement, les portes de l'Eglise ouvertes, à ce que le peuple & nous-mesmes y pussions assister, comme nous le desirions : à quoy lesdits de Rémond & F. Basile nous auroient promis d'obeir avec protestation de toute sorte de soumission.

Seroit pareillement venu vers nous Me Jean Baptiste Richer Prestre Chanoine dudit Joûarre, ne résidant point à cause qu'il est en procés pour sa Prebende ; lequel informé de nostre visite audit Joûarre, y seroit venu pour nous y rendre ses soumissions, & recevoir nos ordres comme de son legitime Superieur : lequel nous aurions receu avec affection.

Quant à Me Raphaël Gallot Prestre Chanoine dudit Joûarre, cité à comparoir devant nous sous peine d'interdiction, par exploit signifié en sa maison audit Joûarre du 26. Février audit an, sur ce que les Chanoines ses Confreres nous auroient asseûré qu'il seroit sorti dudit Joûarre, & nous supplioient de surseoir à prononcer contre luy, inclinant à leur priere, nous aurions bien voulu surseoir toute procedure contre ledit Gallot, esperant, comme ils nous le disoient, que de luy-mesme il viendroit à l'obeissance ; ce qu'il a fait, estant revenu audit Joûarre depuis nostre départ, avec protestations de soumission pareilles à celles de ses Confreres, entre les mains dudit sieur Phelipeaux.

Pour Me Nicolas Rassicod, & Me Daniel de la Vallée dit Laburie, aussi Prestres & Chanoines dudit Joûarre, attendu leur desobeissance & coutumace, aprés avoir esté citez par trois fois de comparoir pardevant nous, par exploits à eux signifiez à la Requeste de nostredit Promoteur en trois jours consécutifs, nous les aurions déclarez interdits de toutes les fonctions de leurs Saints Ordres, par nostre Ordonnance du Mardy 28. Février audit an, à eux signifiée le Mécredy premier Mars suivant, à ce qu'ils n'eussent à faire aucunes fonctions de leurs Saints Ordres au préjudice de l'interdit prononcé contre eux, sur les peines portées par les Saints Canons; ainsi qu'il paroist plus amplement par les actes séparez du present procés verbal.

Le Jeudy 2. Mars audit an, l'Arrest de la Cour de Parlement du 28. Février 1690. portant qu'il sera fait ouverture des portes de ladite Abbaye de Joüarre en presence du sieur Lieutenant Général de Meaux commis par la Cour à l'exécution dudit Arrest, fut signifié au Monastere dudit Joüarre par Regnault Huissier à Meaux.

Et ledit jour 2. Mars audit an, une heure de relevée, nous Evesque susdit, accompagné de Messire Hugues Janon Prestre, de Me Jean Phelipeaux Docteur de Sorbonne, Chanoine & Tresorier de nostre Eglise, de Me Jean Corvisart Curé de Mareuïl-lez-Meaux, & Promoteur de nostre Cour Episcopale, de Me François Ledieu Chanoine de nostre Eglise & nostre Aumosnier ordinaire, tous Prestres, & de Me Pierre Royer Secretaire ordinaire de nostre Evesché, & nos autres officiers; nous nous serions transporté, revestu de camail & rochet, & pareillement nos Ecclesiastiques susdits, à la porte de l'Abbbaye dudit Joüarre, avec le sieur Lieutenant Général de Meaux Commissaire en cette partie, nommé par ledit Arrest, pour faire nostre visite audit Monastere, dont la premiere porte nous auroit esté ouverte par un Suisse vestu de vert. Et arrivez à la porte du Tour, aurions enjoint à la Tourriere du dehors d'avertir la Mere Prieure, la Dame Abbesse absente, que nous venions faire nostre visite conformément à nos Ordonnances & Mandemens signifiez, tant à ladite Dame Abbesse, qu'aux Prieure & Religieuses dudit Monastere de Joüarre, par Crestien Huissier à Meaux, le 23. Février dernier, & que pour cét effet la Prieure eust à nous faire ouvrir les portes de l'Eglise, & assembler la Communauté au Parloir pour nous venir recevoir & obeir à nos ordres.

Est comparu M. Cheverry Procureur Fiscal de la Dame

Abbesse & Religieuses de Joüarre; lequel assisté des autres officiers de ladite Abbaye, conformément à la signification à nous faite du jour d'hier, auroit protesté au nom desdites Prieure & Religieuses, sans néanmoins nous pouvoir montrer aucun acte capitulaire ni ordre par écrit, de faire lesdites protestations, encore qu'il en eust esté requis, que nostre entrée audit Monastere ne pourroit nuire ni préjudicier aux privileges & éxemptions de l'Abbaye. Sur quoy nous aurions ordonné que nous continuërions de faire nostre visite, conformément aux Saints Canons, & en particulier, aux Decrets des Saints Conciles de Vienne & de Trente, dont l'exécution auroit esté ordonnée, tant par l'Ordonnance de Blois, que par les Arrests susdits, & ce nonobstant toute opposition ou appellation quelconque, comme en matiere de discipline & correction de mœurs. Aurions en outre requis ledit sieur Lieutenant général, en cas qu'on continuast de nous faire les empeschemens & troubles déja commencez, en refusant d'assembler les Religieuses devant nous, comme on a fait jusqu'icy, d'exécuter l'Arrest dont il est porteur, en ordonnant que les portes dudit Monastere nous fussent ouvertes, afin que nous parlions ausdites Religisuses, & procédions à la visite des lieux réguliers: ce qu'il auroit en mesme temps ordonné & fait exécuter, ainsi qu'il est plus au long porté au procés verbal fait par ledit sieur Lieutenant général.

Et aprés que les ouvriers amenez par ledit sieur Lieutenant général, se seroient mis en devoir de faire ouverture de la porte de closture dudit Monastere, elle nous auroit esté ouverte en dedans par deux Religieuses. Et nous Evesque susdit serions entré dans ledit Monastere, accompagné de nos Ecclesiastiques susdits & officiers; ensemble ledit sieur Lieutenant général avec ses officiers. Puis la porte refermée par lesdites Religieuses qui l'avoient ouverte, elles se seroient retirées à l'instant avec précipitation, sans mesme vouloir nous dire leurs noms & offices. Ce fait nous nous serions acheminez vers le Dortoir, & en chemin aurions rencontré une Religieuse, laquelle nous auroit dit estre sœur Marie Gobelin dite des Archanges, & qu'elle se retiroit dans sa cellule, suivant l'ordre qui en avoit esté donné : à laquelle nous aurions ordonné de nous suivre, & de nous conduire audit Dortoir & cellules ; ce qu'elle auroit fait. Où estant nous aurions esté de cellule en cellule dans les deux Dortoirs, & aurions parlé aux Religieuses, qui y estoient demeurées en plus grand nombre, les autres s'estant retirées ailleurs, & ayant laissé leurs cellules fermées pour la pluspart : la Prieure elle-mesme s'estant absentée du dortoir, sa cellule ouverte : & sur ce que nous aurions ordonné aux Religieuses presentes de la faire venir devant nous, toutes nous auroient déclaré ne sçavoir où elle estoit, non plus que les autres Religieuses. Aurions dit ausdites Religieuses que nostre intention estoit de tenir le Chapitre, où nous leur aurions ordonné de nous suivre, & à quoy elles auroient obei. Mais avant cela nous estant fait conduire à l'Eglise, au Chœur des Religieuses, nous nous serions contenté d'y adorer le Saint Sacrement sans y faire autre cérémonie ni visite, desirant d'apporter un prompt remede aux besoins les plus pressans. Delà estant allez à la porte du Chapitre, afin que les absentes n'en pussent ignorer, nous aurions fait sonner le timbre, comme il se pratique en cas pareil. La porte dudit Chapitre s'estant trouvée fermée, aurions tenu l'assemblée dans une sale voisine, dite la Sale de Communauté ; où se seroient trouvées vingt-trois Religieuses, sçavoir sœur Catherine de Fiesque seconde Prieure, Sœur Henriette de Luzançy dite de Sainte Helene, troisiéme Prieure, &c. ensemble nos Ecclesiastiques & Officiers. Puis la priere & invocation du Saint Esprit préalablement faite suivant la coustume, aurions fait lire en François ausdites Religieuses par l'un desdits Ecclesiastiques les Decrets susdits des Saints Conciles de Vienne & de Trente, leur faisant voir que nous aurions esté troublez dans l'exécution d'iceux par la Sentence que Madame leur Abbesse auroit obtenuë aux Requestes du Palais, par laquelle la procedure de nostre Official quoy-que réguliere & canonique auroit esté cassée, & défenses faites à nous & à nos Officiers de passer outre. Ce qui nous auroit forcé pour réparer un tel attentat, d'avoir recours à l'autorité de la Cour de Parlement, où nous aurions obtenu l'Arrest bien connu des Religieuses, puis qu'il leur a esté signifié, & qu'elles y sont comprises. Leur aurions pareillement remontré, que c'estoit à tort qu'on taschoit de leur faire entendre que ledit Decret du Saint Concile de Trente n'estoit pas receû dans le Royaume, puis qu'il estoit accepté par l'Ordonnance de Blois, dont lecture leur fut pareillement faite; & que ladite Cour de Parlement, à qui il appartient d'exécuter les Ordonnances, l'avoit ainsi jugé par ledit Arrest, qui ne faisoit autre chose que d'ordonner l'exécution & de ladite Ordonnance de Blois, & des Saints Canons; en sorte qu'il ne leur restoit que l'obeissance qu'elles nous auroient aussi toutes promis de nous rendre. Aprés quoy nous aurions fini le Chapitre par la Priere. Ensuite nostre Promoteur nous auroit remontré que l'entrée des Tours n'estoit pas libre; que les clefs ni du Monastere ni desdits Tours n'estoient point en nostre disposition; & que les officieres qui en estoient chargées ne nous avoient point encore rendu obeissance; ensorte que si nous procedions au scrutin & audition des Religieuses à la grille selon la coustume, lesdites Religieuses n'auroient point un libre accés auprés de nous, mais en seroient empeschées tant par la Prieure, qui ne nous avoit pas obei ni paru devant nous, que par les autres officieres desobéissantes: ajoûtant que nous retirant hors du Monastere, nous perdrions l'occasion de parler aux Religieuses qui ne vouloient pas nous reconnoistre ni se ranger à leur devoir, nous requerant qu'à ces causes & autres que nostre prudence pourroit suppléer, il nous plust à cette fois & sans tirer à conséquence, proceder audit scrutin & audition des Religieuses au dedans: ce que nous aurions ordonné; & à l'instant y aurions procedé jusqu'environ six heures du soir, aprés quoy nous nous serions retirez dudit Monastere, & retournez au Presbytere dudit Joûarre.

Le Vendredy 3. Mars audit an, nous aurions mandé à l'Abbaye dudit Joûarre, qu'on eust à nous ouvrir les portes de l'Eglise, lesquelles jusqu'alors se tenoient soigneusement fermées, attendu que nous desirions y célébrer la Sainte Messe, visiter le Saint Sacrement, & faire les autres fonctions de nostre ministere: à quoy on n'auroit pas obei. Ce qui nous auroit obligé, contre nostre attente, d'avoir recours audit sieur Lieutenant général, avec lequel revestu & accompagné comme cy-dessus, nous nous serions transporté à la principale porte de ladite Eglise; à laquelle nous aurions trouvé ledit Cheverry, qui sous les protestations plus amplement énoncées au procés verbal dudit sieur Lieutenant général, auroit offert de nous faire ouvrir les portes, aprés qu'on auroit fait effort à ladite porte. Ce que nous aurions refusé par la réverence des Saints Lieux; mais aurions ordonné que lesdites portes seroient ouvertes incessamment, & demeureroient ensuite ouvertes à toutes les heures accoustumées, afin que le peuple pust assister au service divin & prédication qui se faisoient en ce Saint temps; défendant de plus tenir ladite porte fermée, comme si l'Eglise eust esté interdite; & déclarant que nous aimions mieux nous retirer que de faire aucun effort à ladite porte: admonestant au surplus lesdites Religieuses en la personne dudit Cheverry, de ne pas commettre un si grand scandale. Et à l'instant ladite porte auroit esté ouuerte. Par laquelle estant entrez dans ladite Eglise avec nosdits Ecclesiastiques & officiers, nous aurions fait d'abord nostre priére & autres préparations au Saint Sacrifice, sur un prié-Dieu préparé au bas du maistre-autel. Puis aurions visité le Saint Sacrement reposant au Tabernacle dans un Ciboire de vermeil, & en aurions fait ostension au peuple, sans toutefois chanter les Antiennes, Versets & Oraisons accoustumées, à cause de la division des Religieuses, & évitant tout ce qui pouvoit donner scandale au peuple. Aurions ensuite célébré la Sainte Messe, finissant à l'ordinaire par la Bénédiction Pontificale. Aprés les actions de grace nous aurions visité la Sacristie, où nous aurions trouvé toutes choses en fort bon ordre: & enfin nous nous serions retirez audit Presbytere.

Et ledit jour deux heures de relevée, ayant envoyé nostredit Promoteur audit Monastere, y déclarer que nous desirions continuer nostredite visite, & qu'on eust à nous en ouvrir les portes & faire venir les Religieuses pour nous parler: il nous auroit rapporté, qu'il n'auroit trouvé personne à qui parler; ensorte que nous aurions esté contraint d'avoir recours de nouveau audit sieur Lieutenant général; avec lequel, ensemble

ensemble nos Ecclesiastiques & officiers, revestus comme dessus, nous nous serions transporté à ladite Abbaye : où personne ne se présentant pour nous recevoir, ni mesme pour nous parler, nous aurions requis ledit sieur Lieutenant general de faire sa charge. Et aprés l'effort fait à la petite grille & à la serrure de la porte de closture, ladite porte nous auroit esté ouverte par deux Religieuses qui se seroient nommées Sœur Anne de Marle dite de Sainte Foy, & Sœur Anne de Menou dite de la Visitation, Portieres. Aprés quoy nostre Promoteur nous auroit remontré qu'il y avoit lieu d'esperer que la Prieure & les Religieuses qui luy adherent, se contenteroient de leur premiere resistance, & ne pousseroient pas la contumace jusqu'à nous contraindre d'appeller toûjours la justice seculiere ; qu'il n'estoit pas juste de nous exposer à de pareils inconveniens & irreverences, & que parmi les divisions qui paroissoient dans le Monastere, & la résistance de celles qui ne vouloient pas nous obeir, il pouvoit arriver au dedans de grands desordres & scandales, sans que nous pussions y apporter de remede, si nous ne nous rendions maistres de la porte, & ne mettions les Religieuses qui nous obeissent, en état d'avoir recours à nous dans le besoin : Partant requeroit que nous eussions à nous faire remettre en main les clefs du Monastere par les Portieres icy presentes, & leur donner tels ordres que nous trouverions à propos. Requerrant de sa part ledit sieur Lieutenant general de donner les ordres necessaires aux ouvriers par luy amenez, de faire par nostre ordre ce qui seroit necessaire à ce que nous fussions asseûrez de l'entrée du Monastere, & libre accés desdites Religieuses pardevers nous. Sur quoy Nous Evesque susdit aurions ordonné ausdites Sœurs de Marle & de Menou, de nous remettre presentement entre les mains toutes les clefs tant de la porte qu'autres lieux dudit Monastere, comme c'estoit la coustume dans les visites. Et leur aurions pareillement enjoint sous peine de desobeissance, d'aller trouver de nostre part ladite Prieure, pour luy enjoindre de venir elle-mesme nous rendre compte du Monastere & recevoir nos ordres. Lesquelles nous auroient répondu, qu'elles ne donnoient pas les clefs, mais qu'elles les laissoient-là : & quant à la Prieure, qu'elles ne sçavoient où elle estoit ; ce qu'ayant dit, elles auroient pris la fuite, sans mesme vouloir signer leur dire comme elles en estoient requises. Et aprés les ordres donnez par ledit sieur Lieutenant general aux ouvriers qu'il avoit amenez, pour faire ce que nous ordonnerions pour la seureté de la closture, il se seroit retiré, & Nous Evesque susdit aurions défendu sous peine d'excommunication à toutes personnes d'entrer dans le Monastere, fors à ceux à qui nous l'ordonnerions expressément : nous serions entré dans ledit Monastere, commettant la garde de ladite porte de closture à l'un de nos Ecclesiastiques, à l'Huissier dudit Sieur Lieutenant general & à deux de nos domestiques : aurions ensuite continué l'audition desdites Religieuses, jusqu'environ six heures du soir.

Et lors que nous estions sur le point de sortir, nostre dit Promoteur nous a remontré que la serrure de ladite porte de closture estoit fort endommagée, en sorte que la fermeture de la porte ne seroit pas asseûrée s'il n'y estoit par nous pourveû ; qu'il y auroit mesme à craindre, que si nous nommions des officieres à qui nous commissions les clefs, elles ne leur fussent enlevées par force dés que nous nous serions retirez, ce qui nous feroit retomber dans les inconveniens qu'il nous avoit cy-dessus remontrez, nous requerant d'y pourvoir. Sur quoy nous Evesque susdit aurions ordonné que ladite serrure seroit levée & racommodée, & la closture fermée par le dehors avec une chaisne & un cadenat, dont nous aurions emporté la clef, & donné les ordres necessaires pour la seûreté de la closture, aprés quoy nous nous serions retiré.

Le Samedy 4. Mars audit an, nous Evesque susdit nous nous serions transporté dés le matin à l'Eglise dudit Monastere, où nous aurions célébré la sainte Messe avec les ornemens des plus beaux de l'Abbaye qui nous auroient esté préparez ; à l'issuë de laquelle nous serions entrez audit Monastere, revestu & accompagné comme cy-dessus, dont nous aurions visité les lieux réguliers que nous aurions trouvé ouverts, sans vouloir faire aucun effort à l'égard de ceux qui se seroient trouvez fermez. Aurions ensuite continué l'audition des Religieuses, que nous aurions achevée l'aprés-disné. Et le soir nous nous serions retirez, aprés avoir fait remettre la serrure de la porte de closture, dont nous confiasmes les clefs à la Sœur de Saint Nicolas Portiere,*qui estoit dans l'obéissance & entroit en semaine.

Delà rentrant au Presbytere, le susdit Me Nicolas Rassicod Prestre Chanoine dudit Joüarre se seroit presenté à nous, lequel nous auroit demandé pardon de sa desobeissance, noüs suppliant humblement de le vouloir rétablir dans toutes les fonctions de ses Saints Ordres; ce que nous aurions bien voulu faire aussitost, en consideration de la repentance sincere qu'il nous témoignoit, comme il paroist par un acte séparé.

Le Dimanche 5. Mars audit an, nous nous serions transporté à l'Eglise de l'Abbaye, sur les huit heures du matin, revestu & accompagné comme dessus : où aprés les préparations accoustumées, nous aurions administré le Sacrement de Confirmation à plusieurs enfans & quelques personnes d'âge, leur en ayant préalablement expliqué les ceremonies & les effets, à la grande grille du Chœur en presence d'un grand peuple. Puis nous aurions célébré la sainte Messe au grand Autel, avec les ornemens & vaisseaux les plus riches de l'Abbaye. Et aprés nostre Communion, aurions aussi administré le Saint Sacrement à plusieurs Religieuses, & à plusieurs autres personnes seculieres de l'un & de l'autre sexe, preparées à cét effet : & toute la ceremonie finie nous nous serions retiré audit Presbytere.

Où estant nous nous serions fait rapporter nostre Ordonnance donnée ledit jour laquelle nous aurions fait remettre és mains de Me Jacques Bernage Curé de l'Eglise Paroissiale de Saint Pierre dudit Joüarre, pour estre par luy leûë & publiée au Prosne de la Messe Paroissiale qu'il alloit célébrer & chanter; de laquelle Ordonnance la teneur s'ensuit.

JACQUES BENIGNE par la permission divine Evesque de Meaux, Aux Abbesse, Religieuses & Convent, Clergé, Peuple & Paroisse de Joüarre, Salut & benediction. Comme Mᵉ Loüis de la Vallée maintenant absent dudit Joüarre, & Mᵉ Daniel de la Vallée dit Laburie, Prestres, Chanoines & Chappelains de l'Eglise Abbatiale, se sont ingérez de faire les fonctions de Vicaire general, Official, Vicegerent & Promoteur, en vertu des prétenduës lettres, commissions ou pouvoirs à eux donnez par l'Abbesse de ce Monastere, bien que ladite Abbesse ni eux n'en ayent receû aucun pouvoir ni du Saint Siege ni de nos prédecesseurs, ou de Nous: nous leur défendons & à tous autres de procéder, ordonner ou éxecuter ausdites qualitez & en vertu desdits pouvoirs, ni d'éxercer aucune commission où la Jurisdiction Ecclesiastique soit requise, sans en avoir auparavant receû de nous ou de nos Vicaire general & Official, un pouvoir special & par écrit, sur toutes les peines portées contre les usurpateurs de la jurisdiction Ecclesiastique & intrus en icelle. Défendons sur les mesmes peines à ladite Abbesse & à celles qui luy succederont, & à tout autre officier de l'Abbaye, le siege Abbatial vacant ou non vacant, de donner de pareils pouvoirs ou commissions. Déclarons nul & de nul effet tout ce qui sera dorénavant attenté au préjudice de la presente Ordonnance, sans néanmoins donner atteinte à ce qui auroit esté cy-devant geré, ordonné & éxecuté selon les Canons, quoy qu'en vertu desdits pouvoirs & commissions, tant que nos prédecesseurs & nous, l'avons toleré, & sans que pour raison de ce, il soit permis de troubler & inquiéter les consciences. Défendons en outre ausdites Abbesse & toute autre Officiere de l'Abbaye, d'instituer à l'avenir, vacance arrivant, les Curez de Joüarre, ou de les mettre en possession & éxercice de cette charge, sans qu'ils reçoivent auparavant de nous & de nos successeurs la cure des ames & tout ce qui y est annexé : sans préjudice de ce qui a esté fait & sera fait à l'avenir en ladite qualité par le Curé de Joüarre, auquel mesme & en tant que besoin seroit, nous avons continué & continuons tous ses pouvoirs. En conséquence de ce que dessus avons déclaré & déclarons que nul autre que ledit Curé n'a pouvoir doresnavant de prescher la parole de Dieu, & d'administrer les Sacremens, notamment celuy de Penitence, dans toute l'étenduë de la paroisse de Joüarre, à moins de l'avoir receû par nostre permission & approbation spéciale & par écrit dans le cours de la presente visite, & cy-aprés en la mesme forme, par nous ou nostre Vicaire Général. Déclarons que les Confessions qui se feront dorénavant au préjudice de ce que dessus, seront nulles & de nulle valeur, & qu'il les faudra reitérer à des Prestres approuvez comme dessus. Et afin que le peuple sçache à qui il peut s'adresser, déclarons que ce sont tous ceux qui exerceront cette fonction dans l'Eglise Paroissiale, attendu que le Curé aura veû leurs pouvoirs, selon l'ordre qu'il en a de nous. Mais d'autant que les Confesseurs des Religieuses doivent estre revestus de qualitez, dont nous nous sentons obligez de faire un éxamen particulier, pour cette consideration & autres à nous connuës, déclarons que les permissions & approbations par nous données, mesme par écrit, ne vaudront que pour les Religieuses & notamment pour celles de Joûarre, à moins qu'elles y soient spécialement comprises & dénommées. Défendons tres-expressément à tous Prestres séculiers & réguliers, d'entreprendre de confesser & absoudre lesdites Religieuses au préjudice de la presente, à peine d'interdiction encouruë *ipso facto* : révoquant tout pouvoir à ce contraire, ainsi que nous l'avons déja déclaré & dénoncé ausdites Religieuses, à ce qu'elles ne s'exposent à faire des Confessions nulles & sacriléges. DONNÉ à Joûarre dans la Maison Presbytérale, durant le cours de nostre visite, ce jourd'huy cinquiéme jour de Mars mil six cens quatre-vingts-dix. Signé + J. BENIGNE Evesque de Meaux, *Et plus bas*, Par Monseigneur, ROYER.

La présente Ordonnance a esté leuë & publiée au Prosne de la Messe Paroissiale de Joûarre, le Dimanche cinquiéme jour de Mars audit an, par moy Jacques Bernage Prestre Curé de ladite Paroisse de Joûarre soussigné. Signé J. BERNAGE.

Ledit jour sur les deux heures aprés midy, Nous Evesque susdit revestu de camail & rochet, & accompagné de nos Ecclesiastiques & des Chanoines dudit Joûarre en leurs habits d'Eglise, serions allé en l'Eglise de l'Abbaye, où aprés nostre priere estant monté en chaire, aurions expliqué le myſtere de la providence divine, à l'occaſion de l'Evangile de ce Dimanche quatriéme du Careſme, où eſt rapportée la multiplication des cinq pains. A laquelle Prédication auroient aſſiſté toutes les Religieuſes & un grand concours de peuple, tant de la Paroiſſe de Joüarre que des Paroiſſes voiſines. A l'iſſuë de laquelle, & tout le ſervice de l'Egliſe eſtant achevé, nous ſerions entré dans ledit Monaſtere, reveſtu comme deſſus & accompagné de noſdits Eccleſiaſtiques & Officiers : où eſtant aurions fait ſonner le timbre qui eſt à la porte du Chapitre, lequel nous aurions trouvé ouvert, & y aurions aſſemblé la plus grande partie des Religieuſes, auſquelles nous aurions donné les avis neceſſaires par rapport à l'état preſent du Monaſtere, les aſſeûrant qu'avec la grace de Dieu & le ſecours du temps, elles recevroient des fruits plus abondans de nos ſoins : & aurions auſſi écouté ce qu'elles nous auroient propoſé ſur les beſoins les plus preſſans, pour y apporter l'ordre convenable. Aprés quoy nous nous ſerions retiré au Preſbytere, où nous ſeroit venu trouver le ſuſdit Me Daniel de la Vallée dit Laburie, Preſtre, Chanoine dudit Joüarre, lequel nous auroit demandé pardon de ſa deſobeiſſance, & nous auroit humblement ſupplié de le vouloir rétablir dans toutes les fonctions de ſes Saints Ordres. Auquel, aprés luy avoir donné en particulier les avertiſſemens que nous jugeaſmes neceſſaires, nous aurions bien voulu accorder à l'inſtant la grace de le relever de l'interdiction, en conſidération de la grande repentance qu'il nous auroit fait paroiſtre, ainſi qu'il eſt plus au long porté dans un acte ſéparé.

Le Lundy 6. Mars audit an, ſur les ſept heures du matin, nous nous ſerions tranſporté audit Monaſtere, dans lequel nous ſerions entré reveſtu & accompagné comme deſſus, & de plus de Me Barthelemy de Rémond Preſtre Confeſſeur de ladite Abbaye, approuvé de nous, & de F. Baſile auſſi Preſtre Religieux de l'Ordre de Saint Dominique pareillement par nous approuvé : & aurions fait ſonner le timbre pour aſſembler les Religieuſes au Chapitre. Où eſtant toutes les Religieuſes ſoumiſes, & leſdits Confeſſeurs preſens, aurions fait faire lecture & publication par noſtre Secretaire susdit, de nos Reglemens & Ordonnances de visite dont la teneur s'ensuit.

Ordonnance de Visite.

NOus Evesque de Meaux, aprés avoir oüi dans nostre presente visite celles des Religieuses de Joüarre, qui se sont soumises selon leur devoir & les saints Canons, à nostre obeissance, lesquelles se sont trouvées composer la plus grande & la meilleure partie des Religieuses dudit Monastere, avons ordonné & ordonnons, statué & statuons ce qui s'ensuit.

I.

Que lesdites Religieuses demeureront dans l'obeissance qu'elles nous doivent & qu'elles nous ont renduë, se souvenant de la parole de Nostre Seigneur, que *celuy qui met la main à la charuë & regarde arriere, n'est pas propre au royaume de Dieu* : & de celle de Saint Pierre, qu'*il vaudroit mieux n'avoir pas connu la voye de la justice, qu'aprés l'avoir connuë se retirer de nouveau du saint commandement qui leur a esté donné.*

Luc. IX. 62.

2. Pet. II. 21.

II.

Qu'elles se comporteront avec charité envers leurs Sœurs qui sont encore desobeissantes, leur remontrant les veritez que nous leur avons représentées, & les decrets des Conciles Oécumeniques & des Papes, en vertu desquels nous agissons; en toute douceur, patience & humilité : leur donnant aussi, comme elles font, l'éxemple de régularité & observance.

III.

Nous déclarons aux Prieure, Religieuses, Convent & Monastere de Joüarre, comme nous avons déja fait plusieurs fois, & par toutes les manieres les plus authentiques, que nous avons défendu & défendons sous peine d'interdiction encouruë *ipso facto,* à tous Prestres séculiers & réguliers de Confesser lesdites Prieure & Religieuses sans nostre permission spéciale & par écrit : laquelle nous accorderons à celles desdites Prieure & Religieuses qui nous l'ont demandée & nous ont reconnu pour Supérieur, ou le feront à l'avenir, dont nous donnerons les noms aux Confesseurs; jugeant &

déclarant les autres qui refusent de nous obéir, incapables de recevoir les Sacremens, & révoquant tout pouvoir contraire à la présente défense, à ce qu'elles n'en ignorent & ne s'exposent à faire des Confessions nulles & sacriléges.

I V.

Nous leur déclarons pareillement que nous laissons en ce lieu jusqu'à nostre prochain retour, nostre tres-cher en nostre Seigneur, Me Jean Phelipeaux Prestre Docteur de Sorbonne, Chanoine & Tresorier de nostre Eglise Cathédrale, avec tout pouvoir de nous, de donner les permissions & approbations necessaires par écrit, pour confesser celles qui auront recours à nous & nous reconnoistront pour Supérieur, & non les autres, quelque titre & office qu'elles ayent dans la Maison, mesme celuy de Prieure.

V.

Bien que la Mere de la Croix premiere Prieure soit des plus coupables envers nous & envers l'obeissance, puisque deûement avertie de nos intentions par Messire Hugues Janon Prestre, que nous avons envoyé avant la visite, & par nous-mesme dés le moment de nostre arrivée, elle nous a néanmoins obligé depuis d'implorer jusqu'à deux fois le bras séculier, pour nous faire ouvrir le Monastere, sans vouloir se présenter devant nous, nonobstant tous les commandemens que nous luy en faisions par tous les moyens possibles, ni permettre à celles qui luy adhéroient, de s'y présenter, pendant qu'à l'exemple du bon Pasteur nous les cherchions de tous costez avec un esprit de douceur & de charité : nous ordonnons néanmoins qu'on luy rendra l'obéissance requise, tant que nous trouverons à propos de la tolérer dans sa charge; non toutefois dans les choses qui seroient contraires aux ordres par nous donnez verbalement ou par écrit.

V I.

Et d'autant qu'il se pourroit faire que ladite premiere Prieure refuseroit à ses Sœurs les permissions necessaires en certains cas, nous les renvoyons en cas de refus aux autres Prieures, Officieres & anciennes successivement, ausquelles nous donnons à cét effet tous les pouvoirs necessaires.

V I I.

VII.

D'autant aussi qu'il est necessaire que toutes les Religieuses dudit Monastere ayent une libre communication avec nous, de vive voix ou par lettres, & pareillement avec ledit sieur Phelipeaux & autres par nous commis, sans quoy tout le Monastere tomberoit dans des troubles & inconveniens trop à craindre, pour n'estre pas préveûs avec toute la severité des Canons, Nous défendons à ladite Mere de la Croix premiere Prieure, aux autres Prieures, Portieres, Tourtieres & autres officieres & non officieres, d'empescher directement ou indirectement ladite communication, sous peine d'excommunication encouruë par le fait mesme, & nonobstant toutes défenses à ce contraires, que nous déclarons nulles & attentatoires.

VIII.

Leur défendons pareillement sous la mesme peine d'empescher celles qui voudront se soumettre à nous, de nous en donner les marques qu'elles trouveront à propos.

IX.

Admonestons ladite Mere de la Croix premiere Prieure & celles qui luy adhérent, de nous rendre une prompte obéissance, à peine d'estre incessamment procedé contre elles par toutes censures Ecclésiastiques.

X.

Nous nous réservons à statuer pour le surplus sur ce qui sera necessaire au bon ordre du Monastere, tant au spirituel qu'au temporel, lors que nous en aurons pris une connoissance plus particuliere. Ordonnons que la presente sera affichée à la porte du Chœur des Religieuses, à ce que personne n'en ignore, & qu'elle sera executée comme en matiere de discipline & correction de mœurs, nonobstant toutes oppositions & appellations quelconques, & sans préjudice d'icelles. Ce fut fait, ordonné & statué en la closture de la visite, les Religieuses cy-dessus capitulairement assemblées au son du timbre dans le Chapitre. Leû & publié en iceluy en présence de Me Barthelemy de Rémond Prestre Confesseur de ladite Abbaye, & F. Basile Religieux de l'Ordre de Saint Dominique aussi Prestre par nous approuvé, pour estre executé en ce qui les touche, à peine d'interdiction encouruë *ipso facto*. Et en fut laissée copie signée de nous, & une autre affichée comme cy-dessus est ordonné, ce jourd'huy sixiéme jour de Mars mil six cens quatre-vingt-dix, avant midy.

Aprés quoy nous retirant dudit Monastere aurions fait donner copie des noms desdites Religieuses & Sœurs converses soumises, ausdits Confesseurs, à ce qu'ils n'ignorassent de celles qu'ils avoient pouvoir de confesser : & serions sorti accompagné de nos Ecclesiastiques & officiers revestus comme dessus, ensemble desdits Confesseurs. Et à l'instant nous estant transporté à l'Eglise dudit Monastere, y aurions célebré la sainte Messe avec les ceremonies accoustumées, & nous serions retirez à la Maison Presbytérale : où estant nous aurions fait & dressé l'Ordonnance dont la teneur ensuit.

NOus Evesque de Meaux, oüi & ce requerant nostre Promoteur, avons ordonné & ordonnons, que la Dame Abbesse de Joüarre, ensemble les Sœurs de Baradat & de Gauderon Religieuses absentes de leur Monastere, y retourneront incessamment, à moins de nous apporter une excuse & empeschement canonique, & prendre nostre congé sur ce nécessaire, huit jours aprés la signification de la présente, sur toutes les peines de droit. DONNE' à Joüarre dans le cours de nostre visite le sixiéme Mars mil six cens quatre-vingts-dix. Signé J. BENIGNE E. de Meaux. *Et plus bas*, Par Monseigneur, ROYER.

Et l'aprés-midy dudit jour, accompagné de nosdits Ecclésiastiques & officiers, & suivi des gens de nostre suite, serions parti pour retourner à Meaux, aprés avoir laissé audit Joüarre ledit Me Jean Phelipeaux Docteur de Sorbonne, Chanoine & Tresorier en l'Eglise de Meaux, pour regler les affaires dudit Monastere en nostre absence. Et sur le soir serions heureusement arrivé audit Meaux, & descendu en nostre Palais Episcopal.

Le jour du Vendredy Saint 24. Mars audit an, ladite Mere de la Croix Prieure, & avec elle six autres Religieuses auroient humblement declaré audit Sieur Phelipeaux, qu'elles nous reconnoissoient pour leur Evesque & legitime supérieur, & promettoient de nous rendre une obeissance sincere conformément aux Saints Canons & notamment aux decrets des Saints Conciles de Vienne & de Trente : ce qui auroit obligé ledit sieur Phelipeaux à donner permission ausdits Confesseurs de les recevoir; comme aussi toutes les Sœurs Converses, lesquelles l'auroient fait asseûrer de leur obeissance par ladite Mere Prieure & par les autres officieres préposées à leur conduite.

Et le Samedy de *Quasi modo* 1. Avril, audit an, tout le reste des Religieuses dudit Monastere auroient fait pareille déclaration, & auroient esté receûës de mesme maniere à la participation des Saints Sacremens.

FIN.

www.ingramcontent.com/pod-product-compliance
Lightning Source LLC
LaVergne TN
LVHW050420160826
845677LV00002BA/444

9782329754420